KB275496

사랑할
시간은
그리 많지 않다

# 사랑할 시간은 그리 많지 않다

우리 시대의 스승 열여덟 분의

행·복·법·문·

불광출판사

**편집자 주**

이 책은 2010년 〈법보신문〉에 연재되었던 「名법문 名강의」와
월간 〈불광〉에 연재되었던 「살아있는 명법문」 중에서 독자들에게
큰 사랑을 받았던 법문을 가려 엮은 것입니다.
때론 지면의 한계 때문에 스님들의 생생한 법문 현장을 온전히 전하지 못하기도 했습니다.
하지만 법당에 있는 사람뿐 아니라 좀 더 많은 사람이 법문의 감동을 느낄 수 있도록
하겠다는 편집 취지에 동의하시고 흔쾌히 법문 게재를 허락해 주신
스님들께 다시 한 번 머리 숙여 감사드립니다.

◉ 차례 ◉

1934년 경남 울주에서 태어나 부산 범어사에서 동산 스님을 은사로 출가했다. 법륜사, 조계사, 은해사, 쌍계사 주지를 거쳐 1991년 쌍계사 조실로 추대되었으며, 제29대 조계종 총무원장, 초대 호계원장, 중앙승가대학교 이사장 등을 역임하고 2006년 조계종 원로회의 원로의원으로 선출되었다. 저서로『우리말 불자 수지독송경』,『대승기신론 강의』,『지리산 무쇠소』등이 있다.

# 공양주가
# 반찬을 만들다가
# 성불할 수도 있다

쌍계사 조실 고산 스님

◉

"가난하게 살거나 부자로 사는 것, 남에게 존대 받거나 멸시 당하는 것, 오래 살거나 일찍 죽는 것. 이 모든 것이 다 자작자수(自作自受)라."

행복이나 불행은 부처님이 만들어 주는 것도 아니요, 무슨 절대적인 신이 있어 만들어 주는 것도 아닙니다. 전부 자기가 지은 대로 자기가 받는다는 말입니다. 그러니 무엇 하나 남을 원망할 필요가 없습니다. 이것이 바로 부처님의 가르침입니다.

그런데 우리는 흔히 "다른 사람은 잘 사는데 이놈의 팔자는 어째서 이렇게 타고 났나." 하며 원망합니다. 이렇게 운명이나 사주팔자를 탓하는 것은 아주 잘못된 생각입니다. 만약 어떤 며느리가 새벽같이 일어나 정성스럽게 아침상을 내오면, "어디서 저런 복덩어리가 들어왔을꼬." 하며 시부모로부터 귀여움을 받게 됩니다. 반대로 시어머니가 밥 다 짓고 깨워야 눈을 부비며 일어나는 며느리가 있다면 "저런 못된 것, 어디 저런 걸 낳아서 우리 집에 보냈노." 하면서 그 부모부터 원망하게 됩니다.

부처님께서는 "욕지전생사(欲知前生事) 금생수자시(今生受者是) 욕지래생사(欲知來生事) 금생작자시(今生作者是)."라고 하여 금생을 통해 전생에 무슨 짓을 했는지 알 수 있고, 내생이 어떻게 될지 알려면 지금 그 사람이 하는 이력을 가만히 보라고 말씀하셨습니다. 즉 모든 일은 자신이 지은 업에 따른 결과라는 것입니다.

## 【 행복한 삶을 살기 위한 실천법 】

부처님께서는 인생은 팔고(八苦)라고 말씀하셨습니다. 생로병사 네 가지 고통에, 애별리고(愛別離苦, 사랑하는 사람과 이별하는 고통), 원증회고(怨憎會苦, 원수와 만나는 고통), 구부득고(求不得苦, 구하려 해도 얻지 못하는 고통), 오온성고(五蘊盛苦, 색·수·상·행·식의 다섯 가지 요소의 변화로 인한 고통)가 더해진 여덟 가지 고통을 말합니다.

그런데 여기에 한 가지, 비교부족고(比較不足苦)가 빠져 있습니다. 포교를 위해 여러 곳을 다니다 보니 알게 된 사실인데, 세상사람

중에 부부간에 혹은 부모자식 간에 서로를 비교하지 않는 사람이 없습니다. 아내들은 '친구 남편은 얼굴도 잘 생기고 돈도 잘 버는데 우리 남편은 왜 이것밖에 안 되나'라며 비교합니다. 반대로 남편들은 '다른 부인들은 요조숙녀처럼 인물도 잘나고 마음씨도 곱던데 우리 집사람은 매일 바가지만 긁어댄다'고 불평합니다. 부모는 자식을 다른 집 아이와 비교해 서로의 잘잘못을 탓하고, 또 자녀는 자신의 부모를 다른 집 부모와 비교해 재산이 적음을 속상해합니다. 이렇듯 서로를 비교하고 불평하는 것에는 남녀노소가 따로 없습니다. 그러니 인생은 구고(九苦)라는 것입니다.

이런 고통을 모두 끊어 버리고 행복한 삶을 살기 위해서는 부처님의 가르침을 잘 알고 실천에 옮기는 것이 중요합니다. 이를 위해 우선 경계해야 할 몇 가지 사항이 있습니다. 첫째는 말을 함부로 하지 않는 것이고, 둘째는 경거망동하지 않는 것이며, 셋째는 뜻과 생각을 조심하는 것입니다. 부처님께서는 열반 직전 마지막 법문을 통해 재차 이 신구의(身口意) 삼업을 조심할 것을 강조하셨습니다. '수구섭의 신막범(守口攝意 身莫犯) 여시행자 능득도(如是行者 能得道)', 항상 입을 조심하여 꼭 해야 될 말이 있으면 열 번 생각하고 말하고, 몸을 태산 앉히듯 하여 꼭 가야 할 일이 있으면 열 번 이상 생각해서 움직이라고 했습니다.

불교를 믿고 잘 실천하기 위한 또 한 가지 방법은 자신만의 원력을 세우는 것입니다. 극락세계를 건설한 아미타불은 48대원을 세웠고 문수보살과 보현보살, 관세음보살과 지장보살도 저마다 열 가지씩의 대원을 세우고 중생을 제도했습니다. 우리는 석가모니 부처님께서 가비라 성의 싯다르타 태자로 태어난 사실만을 알고 있지만, 실은 석가모니 부처님께서도 과거 500대원을 세우고 그 원을 이루기 위해 사바세계에 무려 8,000번이나 다녀가셨습니다.

저 역시 수좌시절 걸망을 걸치고 다니면서 열 가지 원을 세운 바 있습니다.


첫째, 탐진치 삼독을 속히 끊기를 원합니다.

둘째, 몸이 항상 건강하기를 원합니다.

셋째, 지혜가 뚜렷이 밝기를 원합니다.

넷째, 속히 모든 법을 알기를 원합니다.

다섯째, 모든 일이 뜻대로 이루어지길 원합니다.

여섯째, 삿된 도를 멀리 여의기를 원합니다.

일곱째, 중생이든 미물 곤충이든

다 같은 몸을 나투어서 제도하길 원합니다.

여덟째, 불법을 널리 퍼트리기를 원합니다.

아홉째, 정각을 원만히 이루기를 원합니다.

열째, 중생을 모두 제도하기를 원합니다.


열 가지 원을 세우고 실천해 나가니 안 되는 일이 없었습니다.

어느 곳이든 절을 짓고자 마음먹으면 어느새 땅 주인이 찾아와 산을 기증하겠다고 했습니다. 이것은 모두 원력을 세우고 행했기 때문입니다. 원력을 세우면 그대로 이루어집니다. 여러분도 한 가지든 두 가지든 반드시 원을 세워서 밀고 나가십시오.

## 【 어느 날 시절인연이 도래하면 】

우리가 불교를 공부하고 실천하는 것은 성불하기 위해서입니다. 성불하는 데는 따로 정함이 없습니다. 염불을 하다가 성불할 수도 있고, 공양주가 반찬을 만들다가 성불할 수도 있습니다. 부처님께서 백천 가지 방편 문을 다 열어두셨기 때문에 무엇이든지 열심히 행하기만 하면 되는 것입니다.

역대 조사 스님들은 불교를 행하는 데 있어 다섯 가지 주의해야 할 것에 대해 말씀하셨습니다. 첫째, 도적을 그릇 알아 아들로 삼지 마라(不得認賊爲子). 중생이 아뢰야식에 있으면서 깨침에 이르렀다고 잘못 알고 그것을 근본 자성으로 삼는 오류를 범하지 말라는 것입니다. 둘째, 양고기를 달아놓고 개고기라고 팔지 마라(不得縣羊賣狗). 거짓된 감언이설로 다른 사람에게 대접 받으려고 하지 말고 마음에서 우러나는 공부를 하라는 것입니다. 셋째, 말꼬리에 붙은 파리가 제 힘 하나 들이지 않고 천리를 가듯 하지 마라(不得馬尾付蠅). 화주나 시주를 해놓고 모든 것을 스님한테 미뤄버리는 안일한 자세를 경계하는 말입니다. 넷째, 똥 빗자루나 고목나무에 금칠하지 마라(不得鍍金糞). 아무것도 할 줄 모르면서 목에 힘주고 다니는 허장성세 부리지 말라는 것입니다. 다섯째, 마음을 가져 깨닫기를 기다리지 마라(不得將心待悟). 이는 곧 실천의 중요성을 언급한 것입니다.

참선을 하던 염불을 하던 '어서 성불해야지' 하는 생각을 가지고 하면 절대로 성취할 수가 없습니다. 일체 망념을 다 치워버리고 일념이 되었을 때 비로소 무심과 무념무상의 경지에 이르러 찰나에 깨달을 수 있는 것입니다. 항상 지혜를 배워 꾸준히 공부하다 보면 어느 날 시절인연이 도래해 자기도 모르는 사이 깨달을 수 있습니다. 그러니 부처님 가르침을 잘 알고 실천하면 절대 후회할 일이 없을 것입니다.

마지막으로 '보시'라는 말을 풀어보며 오늘 법문을 마무리 하겠습니다. 우리는 일상생활에서 '주다'라는 표현을 많이 사용합니다. 남이 무슨 얘기를 하면 "얘기를 들어줬다." 하고 또 음식을 먹고는 "먹어줬다."라고 말합니다. 이를 긍정적으로 해석하면 우리에겐 오래 전부터 보시하는 습관이 몸에 배어 있다고 할 수 있습니다. 무엇이든 대가 없이 주려는 마음에 언어에서조차 모두 보시로 끝을 맺는 것입니다. 모든 일체 보살의 만행 가운데 가장 근본이 되는 것이 보시입니다. 그러니 이 보시를 실천하는 우리나라가 세계의 종주국이 될 날이 멀지 않았습니다. 이렇게 좋은 나라에 태어나서 더불어 불교를 믿게 되었으니 우리에게 이보다 더 좋은 일은 아마 없을 것입니다.

●

황해도 연백 출생으로 경북 영천 초암사에서 대오 스님을 은사로 득도했다. 비로사에서 무강 스님을 계사로 사미계를, 봉선사에서 석암 스님을 증사로 비구계를 수지했다. 고려대 경영대학원 및 동국대·서울대 행정대학원을 수료하고, 동화사 주지, 봉은사 주지, 봉선사 주지, 조계종 법규위원장, 총무원 총무부장, 제 5·6·7·8·9대 중앙종회 의원 등을 역임했다. 2004년 조계종 대종사 법계를 품수하고, 현재 대한불교조계종 원로회의 부의장을 맡고 있다.

# 진짜
# 아미타불을
# 염원하는 길

## 조계종 원로회의 부의장 밀운 스님

◉

근래 한국불교의 포교에 관한 걱정스런 이야기를 많이 듣습니다. 스님이 돈 받고 작명을 해준다거나 절에서 사주팔자를 봐주는 등에 대한 얘기는, 신심 있는 불자 입장에서 보면 안타까운 일이 아닐 수 없습니다. 하지만 사람들은 저마다 근기가 다르고 자신이 배운 정도에서 부처님을 믿을 수밖에 없다는 점에서, 아직 그들이 우리와 같은 경계에 이르지 못했을 뿐이라고 생각함이 옳다고 봅니다. 그들을 탓하고 제재하기보다 부처님 말씀대로 자신의 할 일부터 충실히 해나가는 것이 무엇보다 중요하겠습니다.

자신의 역할을 다 하는 것, 곧 '답게' 사는 것입니다. 사람이면 사람답게, 스님이면 스님답게, 부처님은 부처님답게 살아야 합니다(佛行佛 人行人 僧行僧). 대낮에 술에 취해 길바닥에 누워 있으면 그건 짐승과 같은 것이지 사람답게 사는 것이라 할 수 없습니다. 또한 스님이 사주팔자를 보고 작명이나 해주고 있으면 그것은 스님답게 사는 것이 아닙니다. 단지 머리를 깎고 승복을 입었다고 해서 스님이 아니라, 계를 지키고 수행정진을 통해 도리를 다 할 때에야 비로소 스님이라고 말할 수 있는 것입니다.

부처님 역시 마찬가지입니다. 부처님은 생사가 없는 우주의 진리를 깨달으신 분입니다. 본래 나고 죽음이 없는데 왜 그렇게 목숨에 애착을 가지고 애를 쓰느냐, 그 깨달음을 중생에게 알려주기 위해 45년 동안 고행 정진하셨습니다. 이렇듯 중생을 위해 설법하시고 자비실천을 하신 분이 바로 부처님입니다. 즉 부처님답게 사셨기 때문에 부처님이라고 하는 것입니다.

## 【 관상이 좋다 한들 마음 쓰는 것만 못하다 】

불가에서 하는 말 중에 '일체중생이 다 부처다.'라는 말이 있습니다. 흔히 일체중생이라 하면 움직이는 곤충이나 사람만을 뜻한다고 생각하기 쉽지만, 부동지물 역시 우리와 다를 바가 없습니다. 시방세계 색경계가 본래 하나이기 때문입니다.

눈에 보이는 형상을 색이라고 한다면, 보이지 않는 허공계를 공이라고 말할 수 있습니다. 눈에 보이지 않기 때문에 우리는 허공계가 비어있다고 생각하지만, 색경계가 흩어지면 허공이 되고 다시 허공이 뭉치면 색이 됩니다. 그래서 색과 공은 둘이 아니라고 하는 것입니다. 이것이 바로 부처님께서 먼저 깨달으시고 우리에게 전해주신 가르침입니다.

그런데 우리는 그 진리를 듣고 또 배우면서도 실제로 느끼지 못하고 있습니다. 반야심경에 색과 공이 둘이 아니라고 나와 있지만, 아침저녁으로 반야심경을 외면서도 어째서 그것이 둘이 아닌지 모르고 있습니다. 그러니 다른 생각에 사로잡혀 사주관상을 보고, 이것이 옳으니 저것이 옳으니 시비분별을 가리는 것입니다.

중국 당나라 시대에 관상을 잘 보는 수야남북(水野南北)이라는 사람이 있었습니다. 그 명성이 자자해 제자가 무려 삼천여 명이나 됐으며, 그 제자들 역시 전생·금생·후생을 족집게같이 알아맞힐 정도로 실력이 뛰어났다고 합니다. 그런데 하루는 제자들이 스승의 관상을 보고 의문이 생겼습니다. 키도 작고 얼굴도 삐뚤어진 것이 어딜 봐도 귀상이 아닌데, 어떻게 이렇게 많은 제자를 거느리고 잘 살고 있는지 이유를 알 수 없었습니다. 마침내 제자들이 스승에게 그 까닭을 묻자 스승이 이렇게 답했다고 합니다. "사주팔자보다는 관상이 좋아야 하고, 관상보다는 마음이 좋아야 한다." 즉 사주팔자나 관상이 아무리 좋다고 한들 그 마음 쓰는 것만 못하다는 이야기입니다.

　그러니 우리 불자들은 부처님 말씀대로 마음을 쓰고 잘 실천하면 됩니다. 색과 공이 둘이 아님을 아는 것, 이것이 곧 실천입니다. 이 진리를 알게 되면 세상을 반듯하게 살아나갈 수 있고, 번뇌 망상을 끊으려 애쓸 필요도 없이 자연히 버려집니다. 또한 여기서 온갖 힘이 샘솟아 부처님과 같은 삶을 살아갈 수 있습니다.

## 【 눈을 뜨고 잠자듯 하라 】

다들 일체유심조라는 말을 한 번쯤은 들어보셨을 겁니다. '약인욕요지 삼세일체불 응관법계성 일체유심조(若人欲了知 三世一切佛 應觀法界性 一切唯心造)'라는 『화엄경』 구절 속에 나와 있는 말입니다. 대개 일체유심조란 '내 마음으로 짓는다'로 해석합니다. 그런데 자칫 산과 바다 같은 만물도 내가 만든다는 뜻으로 오해해 '과연 내가 그것을 할 수 있는가' 하는 의심에 빠지는 수가 있습니다.

　그러나 일체유심조의 정확한 의미는 마음속에 일어나는 모든 것, 즉 보고 듣고 말하고 좋아하고 싫어하는 것 등을 마음대로 한다는 것이지 우주에 있는 색경계를 내 마음대로 만들 수 있다는 의미는 아닙니다. 남의 물건을 훔치거나 훔치지 않는 것은 내 마음대로 할 수 있지만, 산과 바다를 무슨 수로 만들어 내겠습니까? 그것은 자연으로 이루어지는 것이지 결코 내가 만드는 것이 아닙니다. '나' 역시 우주의 한 부분으로서 더불어 만드는 것일 뿐입니다.

결국 내 마음대로 할 수 있는 자제력을 기르라는 말은 이렇듯 마음의 작용을 두고 하는 말입니다. 나쁜 생각이 들면 좋은 생각으로 돌리고, 욕심이 생기면 그렇지 않은 방향으로 마음을 돌리는 것, 그것이 일체유심조의 참뜻입니다.

마음을 다스리는 것이 중요한 까닭은 사람의 마음이 참으로 변화무쌍하기 때문입니다. 또한 그 변화는 우리가 사람이기에 가질 수밖에 없는 욕심에서 비롯됩니다. 길 위에 금목걸이 하나가 떨어져 있다고 가정해 봅시다. 그걸 보고 줍지 않을 사람은 아무도 없습니다. 그것을 주우면 물질적인 이익을 가져다주리란 사실을 알기에 주울 수밖에 없습니다. 그러나 부처님께서는 뭐라고 말씀하셨습니까? 손대지 말고 그냥 두라고 하셨습니다. 언젠가 주인에게 되돌아갈 것이기에, 그 자리에 가만히 두라는 것입니다. 이는 비단 물건만이 아니라 보고 듣고 느끼는 모든 것에 해당됩니다. "눈을 뜨고 잠자듯 하라." 잠을 잘 때 어느 것 하나 취하는 바 없이 모두 내려놓는 것처럼, 눈으로 세상만사 좋고 나쁜 것을 다 보되, 어느 것 하나 취하지 말라는 가르침입니다.

## 【 어느 것이 알맹이인가 】

오래전 불국사 선방에서 수행정진하고 있을 때, 대여섯 분의 일본 교포 보살님이 찾아오셨습니다. 그때 한 보살님께서 제게 "극락세계에 가기 위해 평생 나무아미타불을 불렀는데 과연 극락에 갈 수 있을까요?" 하고 묻기에 "경전에 보면 나무아미타불 한 마디만 불러도 극락에 갈 수 있다고 했으니, 아마 자리가 차고도 남을 겁니다."라고 우스갯소리 섞인 대답을 해주었습니다. 그러면서 덧붙인 말이, "알맹이가 있는 나무아미타불을 불러야지 쭉정이 나무아미타불을 부르면 바람에 다 날아가 버리고 아무 소용이 없습니다."라고 말씀드렸습니다. 그리고 어느 것이 진짜 알맹이고 어느 것이 쭉정이인지 예를 들어주었습니다.

"이른 아침 경상 앞에 앉아 아미타불 경을 읽고 있는데, 어린 손자가 방문을 열고 나오며 똥오줌을 누었다면 어떻게 하셨겠습니까? 만약 보살님께서 읽던 경을 덮고 똥오줌을 치워주었다면, 그것이 바로 살아 있는 아미타불입니다. 나머지는 모두 쭉정이입니다."

당시 보살님의 상황에 맞춰 설명한 것이지만 실은 우리 모두가 귀담아 들어야 할 이야기입니다. 그저 책을 보며 나무아미타불을 부르는 것은 말 그대로 입으로 외는 것에 불과합니다. 그보다 마음속 깊이 우러나는 신심으로 아미타불을 불러야 합니다. 나무아미타불, 아미타 부처님께 귀의한다는 이 말은 곧 아미타 부처님이 행하신 대로 똑같이 행하겠다는 다짐이자 서원입니다. 그러니 실천하지 않고 입으로만 외는 것이 쭉정이가 아니고 무엇이겠습니까. 극락세계에 가기 위해서는 나무아미타불을 읽고 외는 것이 아니라 실제 행동으로 옮기는 것이 중요합니다. 그것이야말로 진짜 나무아미타불을 염원하는 것이라 할 수 있습니다.

1940년 강원도 강릉에서 태어났다. 1955년 동화사에서 석우 스님을 계사로 사미계를
받고, 1961년 해인사에서 자운 스님을 계사로 구족계와 보살계를 수지했다. 세 차례에
걸쳐 해인사 강원 강주를 지냈으며, 해인총림 율원장, 파계사 영산율원 율주, 조계종
재심호계위원 등을 역임했다. 현재 해인총림 율주로서 조계종 계단위원, 법계위원 등
을 맡고 있다.

# 행복은
# 어디에서
# 오는가

## 해인사 율주 종진 스님

여러분은 언제 행복을 느끼십니까? 아마 내 마음대로 일이 이루어질 때 행복이 밀려들 것입니다. 반대로 마음대로 되지 않을 때 괴롭다고 합니다. 마명 보살 말씀 중에 '이 세상의 모든 괴로움을 다 떠나서 끝까지 행복한 것을 얻는다.'라는 말이 있습니다. 한문으로는 '이일체고(離一切苦) 득구경락(得究竟樂)'이라고 하며 줄여서 '이고득락(離苦得樂)'이라고 표현합니다. 이 말씀처럼 세상 일이 마음먹은 대로만 된다면 괴로울 게 없습니다. 더울 때 '시원해져라'고 하면 시원해지고, 추울 때 '따뜻해져라'고 해서 따뜻해지면 정말 살맛나겠죠. 그런데 그렇게 안 되기 때문에 괴로운 것입니다. 또 그렇기 때문에 우리가 행복을 가꿔야 하는 것입니다.

행복은 누군가 가져다주는 것이 아닙니다. 행복을 가지고 있는 사람이 따로 있다는 게 아니란 말씀이죠. 가장 따뜻한 마음은 부처님 마음, 보살 마음입니다. 이를 불심(佛心)이라고 하는데 부처님께서는 우리 모두가 이 마음을 가지고 있다고 말씀하셨습니다. 그런데 우리는 한눈을 팔고 있습니다. 나보다 잘생긴 사람이 있으면 그 사람이 왜 잘생긴 것인지는 생각지 않고 우선 입부터 삐죽거립니다. 시기하고 질투하는 거죠. 그렇게 되면 그 사람의 좋은 점보다 안 좋은 점이 먼저 보입니다. 이것은 대자대비한 부처님 마음이라고 할 수 없습니다.

불심을 학문적·이론적으로 아무리 잘 이해하고 있어도 현실에서는 적용이 잘 안 됩니다. 더우면 당장 짜증이 나거든요. 그런데 경전에는 부처님이 짜증냈다는 말씀이 없습니다. 왜 그럴까요? 그것은 현실을 인정하고 받아들였기 때문입니다. 우리는 이론적으로 부처님 마음을 얘기하면서, 현실에서는 당장 내 마음대로 안 되면 눈초리가 올라가고 목소리가 높아지고 된소리가 나옵니다. 아무리 안 해야지 안 해야지 다짐을 해도 그렇게 안 되는 것이 현실입니다. 부처님 마음을 가지고 살아가면 행복은 저절로 오는데 그게 힘이 듭니다. 그렇다면 부처님처럼 살기 위해 우리는 얼마나 노력해야 할까요?

【 부처님처럼 사는 다섯 가지 조건 】

부처님처럼 살기 위해서는 다섯 가지 조건이 있습니다. 그 첫 번째가 자비심을 갖는 것입니다. 경전에서 자비심에 대해 '모든 사람을 사랑하기를 어머니가 자식 사랑하듯이 하는 것'이라고 했습니다. 또 경허 스님께서는 자비심을 악덕에 떨어짐을 불쌍히 여겨 그 악덕에서 벗어나도록 노력하는 것, 항상 즐거운 마음을 갖고 모든 사람들의 어려움을 막아주고 생각해주는 마음이라고 해석하셨습니다. 자비심은 세상에서 가장 따뜻한 마음입니다. 그 마음을 한없이 키우면 그것이 곧 행복을 가꾸는 길 중에 하나가 되는 것입니다. 따뜻한 마음을 갖는 운동을 하는 것이 부처님처럼 사는 첫 번째 조건입니다.

두 번째 조건은 복의 씨앗을 심는 것입니다. 적극적인 생각과 행동에서 나오는 보시가 바로 복의 씨앗입니다. 끊임없이 남에게 베푸는 것은 곧 나에게 저축하는 것과 같습니다. 반대로 남의 것을 훔치고 손해를 나게 하는 것은 내 재산을 버리는 것입니다. 베푸는 것은 부자로 사는 조건을 만드는 것이고 훔치는 것은 가난한 조건을 만드는 것입니다. 그래서 부처님께서는 가난하게 살라고 말씀하셨던 것입니다. 현재 우리가 살고 있는 모습은 그만한 조건을 만들어 놓은 것이기에 그 모습대로 살 수밖에 없습니다. 이것은 마치 숙명론처럼 인식될 수 있습니다. 그러나 만일 불교가 숙명론이라면 중생은 중생으로, 짐승은 짐승으로, 아귀는 아귀로, 수라는 수

라로 영원히 남을 수밖에 없습니다. 우리는 예불을 마칠 때 '자타 일시성불도(自他一時成佛道)'라고 발원합니다. 이는 지구상의 모든 존재가 부처가 될 재산이기 때문입니다. 문제는 우리가 가진 부처의 종자를 얼마나 키우고 가꾸고 실천하느냐입니다.

다음 세 번째는 맑은 삶을 사는 것입니다. 파종을 안 하고 추수하는 사람을 본 적 있습니까? 그것은 불가능합니다. 남의 집에 가서 추수를 도울 수는 있지만 그것이 내 것이라고 할 수는 없습니다. 마찬가지로 맑은 생활을 원한다면 그 조건을 만들어 놓아야 합니다. 불교 계율에 '게걸음 걷지 마라'는 것이 있습니다. 이 말뜻을 짐작하시겠습니까? 게걸음을 하면 가장 먼저 가정에 불화가 생깁니다. 혹시 밖에 나가서 어쩌지 않나 하는 불신이 생기기 때문입니다. 이에 저는 행복의 조건을 다섯 가지로 말씀드리곤 합니다. 무조건 믿고, 무조건 사랑하고, 무조건 존경하고, 무조건 화합하고, 무조건 참는 것. 이른바 '신애경화인(信愛敬和忍)'입니다. 이 다섯 가지만 실천하면 한 덩어리가 되어 행복한 가정을 이룰 수 있습니다. 이것이 곧 복을 심고 맑게 사는 것입니다.

부처님처럼 사는 네 번째 조건은 진실하게 사는 것입니다. 불교에서는 몸과 입과 생각이 짓는 업을 통칭해 삼업(三業)이라고 하는데, 여기서는 입에 초점을 맞추어 설명하겠습니다. 흔히 요즘을 신용사회라고 합니다. 은행에서 돈을 빌릴 때도 신용이 좋은 사람은 믿고 돈을 빌려준다고 합니다. 이때 신용이 있는 사람을 다른 말로 바꾸면 곧 진실한 사람이 됩니다. 그런데 누군가 '나는 아주 진실하고 신용이 있는 사람이니 믿어달라'고 이마에 써 붙이고 다닌다면 과연 믿을 수 있을까요? 진실은 광고한다고 되는 것이 아닙니다.

천수경에 '진실어중선밀어(眞實語中宣密語)'라는 구절이 있습니다. 이 말뜻은 거짓말을 하지 않는다는 의미입니다. 아버지가 아버지 노릇을 잘하고 아들딸이 아들딸 노릇을 잘해야 하듯이, 우리는 모두 불자로서 해야 할 의무가 있습니다. 그러기 위해서 말을 잘해야 합니다. 청산유수처럼 말을 잘하는 것이 아니라 거짓말하지 않고, 꾸미는 말 하지 않고, 이간질이나 악담을 하지 않는 것을 부처님께서는 말을 잘하는 것이라고 하셨습니다.

말을 잘하는 데는 네 가지 비결이 있습니다. 첫째 좋은 말만 하고, 둘째 이치에 맞는 말만 하고, 셋째 남을 아프게 하는 말을 하지 않고, 넷째 진실만을 말하는 것입니다. 이렇게만 하면 항상 진실하여 신용이 있고, 말 한 마디에 천금의 무게를 가지는 삶을 살 수 있을 것입니다.

부처님처럼 사는 마지막 다섯 번째 조건은 슬기롭게 사는 것입니다. 우리는 배워서 아는 것을 지식이라고 합니다. 이것은 좋고 나쁜 것을 판단할 수 있는 능력으로 불교용어로는 '지혜(智慧)'라고 합니다. 계율에서 술을 마시지 말라고 하는 것은 술에 취해 마음을 어지럽히지 말고 밝은 지혜를 닦으라는 의미입니다.

## 【 지금 후회 없이 사랑하라, 사랑할 시간은 그리 많지 않다 】

지금까지 말씀드린 부처님처럼 사는 법 다섯 가지는 사실 불교의 오계를 이해하기 쉽게 풀어드린 것입니다. 따뜻한 마음을 가지고 남의 목숨을 헤치지 않는 것[불살생(不殺生)], 복을 심고 남의 것을 훔치지 않는 것[불투도(不偸盜)], 맑은 삶을 살아 안정된 생활을 하는 것[불사음(不邪淫)], 진실한 언어생활을 하는 것[불망어(不忘語)], 지혜를 키우는 것[불음주(不飮酒)]을 불교의 기본 계율에 결부시켜 비유한 것입니다.

행복은 손에 잡히지도 않고 눈에 보이지도 않습니다. 하지만 현실에서 행복한 사람과 그 반대의 사람을 볼 수 있습니다. 그것은 아무도 부정할 수 없습니다. 이런 행복은 누군가 가져다주는 것이 아니라 우리 스스로 가꾸어 나가야 하는 것입니다. 지금까지 드린 설명을 이해하기는 쉽습니다. 또 외우기도 쉽고요. 그러나 중요한 것은 실천입니다. 우리는 지금까지 우리 식대로 살아왔습니다. 이는 범부의 삶이지 따뜻한 마음을 가진 부처님의 삶, 보살의 삶이라고 할 수 없습니다.

오늘 더운 날씨에도 부처님처럼 사는 법을 배우기 위해 오신 분들께, 사랑의 부채를 선물로 드리겠습니다. 이 부채를 가지고 가셔서 짜증날 때도 부치고, 좋을 때도 부치고, 싫을 때도 부치고, 배고플 때 배부를 때도 부치십시오. 언제나 부채를 부치면 부처님처럼 닮아가게 될 것입니다. 그렇게 여러분이 실천하면 그 힘이 자꾸 번져서 우리 이웃이 닮게 되고 우리나라 전체가 닮게 되어 이 세상에서 가장 행복한 나라가 될 것입니다.

「입보리행론」에 "지금 후회 없이 사랑하라. 사랑할 시간은 그리 많지 않다."라는 말이 있습니다. 해인사의 신도분 중에 107세를 살다 세상을 떠나신 보살님이 계십니다. 그분은 일평생을 따뜻하게 살아가셨다고 합니다. 그처럼 사랑을 실천하면 몸과 마음이 건강하게 되는 것입니다. 오늘 이 사랑의 부채를 가지고 가셔서 부지런히 부채를 부쳐, 남은 시간을 잘 보내어 행복한 한 해가 되시기 바랍니다.

1931년 전북 군산에서 출생했으며, 전북대 수의학과를 졸업했다. 1958년 은적사에서 전강 스님을 계사로 사미계를, 1965년 범어사에서 동산 스님을 계사로 비구계를 수지했다. 김제 부흥사 등 제방선원에서 수행정진했으며, 조계종 중앙종회의원, 용주사·신륵사·영월암 주지, 한국대학생불교연합회 지도법사를 역임했다. 포교 활성화에 기여한 공로로 1977년 종정 표창을 받은 데 이어 2007년에 포교대상을 받았다. 2007년 조계종 원로의원에 선출됐으며, 이듬해 조계종 최고 품계인 대종사 반열에 올랐다.

# 인생의
# 빛은
# 어떻게 갚는가

석남사 회주 정무 스님

◉

오늘은 근본적으로 인생이 무엇인지, 우리는 왜 이 세상을 왔다 갔다 하는지부터 짚고 넘어 갑시다. 바로 나 자신, 이것이 뭐냐? 경상도 사투리로, '이 뭣고?'입니다. '팔만대장경 다 제쳐 놓고 한 말씀 이르시오?' 이것이 화두입니다. 대답이 있을 때까지 계속 의문을 해 나가야 합니다. 그렇다면 과연 인생이 뭡니까? 불교는 뭡니까?

"모른다." 이것이 정답으로 가는 길입니다. 모르는 것, 그래서 화두, 의심이 생기는 거예요. '이 뭣고?' 하고 의심하는 게 정답으로 가는 길입니다. 그것이 화두요, 참선이요, 수행입니다.

싯다르타 태자는 생로병사가 겁이 나서 왕궁을 버렸어요. 참! 그쯤 되어야 무엇을 이루는 거예요. 오늘날 정신과학에서는 싯다르타 태자처럼 6년 만에 불생불멸의 실상자리에 들어간 경지는 과거, 현재, 미래의 어떠한 사람도 이루지 못한다고 합니다. 어느 누구도 6년에 해낼 수가 없어요. 단 아주 머리 맑은 선승은 20년을 골똘히 하면 도달할 수 있습니다. 여러분처럼 보통 사람은 될 수도 없는 일이죠.

그런데 여기서 우리가 잘 알아야 할 게 있어요. 그렇게 할 사람도 없고, 그렇게 할 필요도 없습니다. 싯다르타 태자가 부처님 되는 그 순간에 일체중생이 다 성불했다 이 말씀입니다. 그러니까 행불(行佛)하자, 부처님 행한 대로 따라만 가면 된다 이거예요. 기억을 잘 해놔야 되요. 헛수고 할 일이 없습니다. '성불하세요'라는 인사는 잘못 된 거예요. '행불하세요'라고 해야 합니다. 부처님을 따라만 하면 됩니다. 부처님께서 팔만대장경에 다 말했잖아요. 성불한 내용이 이미 나와 있습니다. 그대로 우리가 부처님 정법에 의해서 살면 됩니다.

## 【 공부하다 죽어라 】

우리는 인생을 왜 삽니까? 이 세상에 왜 왔습니까? 빚 갚으러 왔다고 합니다. 빚은 은혜와 원수 두 가지예요. 그런데 살다보니 이 둘이 따로 있는 게 아니라, 은인이 곧 원수예요. 둘이 한 나무, 여반장(如反掌)입니다. 그런데 부처님 법을 알게 되면 원수도 은혜도 못 갚아요. 이걸 알아야 합니다. 그러면 여기서 부처님께서 말씀한 은혜에 관해 잠깐 살펴봅시다.

부처님께서『부모은중경(父母恩重經)』에서 억천만겁을 내려오면서 전생에 부모 아닌 중생이 하나도 없다고 했어요. 일체중생이 부모예요. 원수도 부모 아닌 이가 없습니다. 그러면서 부모 은혜 열 가지를 설명하시고, 부모를 모시는 마음으로 중생을 똑같이 모셔야 보살이라고 했습니다. 부모님 은혜가 열 가지로 지중하지만 어리석은 자녀들은 오히려 배반을 합니다.

『부모은중경』에는 은혜를 못 갚는 여덟 가지가 나와요. 그 중 첫 번째 예를 들면, 부모님을 업고 살가죽이 닳아 뼈에 이르고 또 뼈가 닳아 골수에 이르기까지 수미산을 오백 생 동안 돌더라도 부모의 깊은 은혜는 다 갚지 못 한다고 했어요. 심청이가 효녀이겠습니까? 말도 안 되는 어림도 없는 소리예요. 애시 당초 갚을 수가 없어요.

갚는다는 것이 뭡니까? 플러스(+) 마이너스(-) 해서 제로(0)가 되어 없어져야 갚는 거 아닙니까? 은혜도 원수도 갚아서 되는 게 아닙니다. 부모님이 이미 돌아가셔서 효도를 못한다고 슬퍼하는데, 그럴 필요 없어요. 부모에게 효도를 했든 불효를 했든 과거는 지나갔습니다. 과거는 다리 밑의 이미 지나간 옛날 물입니다. 그런데 부처님 말씀에 인간은 인생의 80퍼센트를 과거 속에서 산다고 합니다. 단지 오늘 현재를 충실하게 살면 됩니다.

앞서 말씀드렸지만, 내 부모만 부모가 아니에요. 일체중생이 모두 부모예요. 부모 은혜 갚는다는 것은 일체중생의 은혜를 갚는 것입니다. 부모가 혼자 삽니까? 부모도 사회적 동물이에요. 부모 은혜를 비롯해 국가 은혜, 이웃 은혜, 스승 은혜, 자연 은혜 등 다섯 가지가 오종대은(五種大恩)입니다. 이 오종대은을 명심불망(銘心不忘), 항상 생각하면서 잊으면 안 된다는 거예요. 은혜를 알고 은혜를 갚는 자가 보살, 바로 불자입니다.

효도에는 하품, 중품, 상품 효도가 있습니다. 하품은 의식(衣食), 즉 물질적으로 잘 보살피는 것이고, 중품은 마음을 편안하게 해드리는 것입니다. 그리고 상품은 부모님이 선행 공덕을 짓게 해드리고 그 공덕을 부처님께 회향하는 것입니다.

이 가짜 몸뚱이에 잘 먹이고 잘 입히는 것이 중요한 게 아닙니다. 부처님의 가르침은 진짜 마음을 깨달아 영원 생명을 살라는 거예요. 그러면 우리는 인생을 어떻게 살아야 하느냐? 학생인 동시에 선생님으로 사는 거예요. 평생 죽을 때까지 공부하고 죽을 때까지 선생노릇 하는 겁니다. 해인사 원당암에 가면 큰 돌에 "공부하다 죽어라"라고 새겨져 있습니다. 죽으면서도 공부해야 해요. 공부가 뭡니까? 정신 차리는 거예요. 티베트 사람들은 생일잔치 안 합니다. 울면서 이 세상에 태어난 것이 축하할 일이냐는 거죠. 죽을 때 정신 차리고 가게 수행을 잘하자, 이것이 티베트 사람들의 논리입니다. 그러므로 부모님, 일체중생이 영원 생명을 살 수 있도록, 상품 효도를 행하는 것이 진정한 효도인 줄 우리가 잘 알아야 합니다.

## 【 부처님 법의 상속자가 되어 생각을 건강하게 하자 】

부처님 법은 치료가 아니라 예방입니다. 바르게 살기입니다. 우리는 한 생각 잘 못해서 이 세상에 왔어요. 여러분, 부처님 가르침이 무엇입니까? 영적 진화를 해서 천상이나 극락으로 가야지, 여기 이곳에 왔다 이겁니다. 여기 오는 것은 인생 재수, 삼수하는 거예요. 이제 졸업을 해야 하지 않겠어요?

그러면 어떻게 살아야 하느냐? 지금 세상은 시간이 모자라다고 합니다. 24시간은 정해져 있는데, 할 일은 왜 이렇게 늘어나느냐 이거지요. 이 많은 일을 어떻게 감당하느냐 이겁니다. 그런데 걱정할 거 없어요. 일의 가치 순위를 순서로 정해서 쓰면, 절대 부족하지 않아요. 오히려 시간이 남게 됩니다. 요즘은 과학의 힘으로 서울에서 부산까지 한 나절도 안 걸리잖아요.

그러면 우리가 살면서 가치의 우선순위보다 더 중요하게 꼭 해야 할 일이 무엇일까요? 그것은 바로 인사입니다. 가족끼리도 인사를 해야 해요. 인사를 하면서 눈 맞추기 30초 안 하면 안 됩니다. 부부간에도 눈 맞추지 않으면 평생을 살아도 친구로 입력이 안 됩니다. 예를 들어 남편이 정년퇴임하고 집에 있으면, 그 날부터 큰일 난 겁니다. 동창회도 마음대로 못가고 이런저런 잔소리에 시달리게 됩니다. 인생의 동반자가 아니라 원수가 되는 거지요. 그래서 황혼이혼이 크게 늘고 있어요.

지금부터라도 아침저녁으로 출퇴근할 때 30초씩 눈 맞추기를 하세요. 정직한 눈 맞추기 30초를 생활화하면, 정년퇴임하고도 꼭 둘이 손잡고 법회에도 오고 여행도 같이 다니게 됩니다. 그 밑에 자녀는 걱정할 것 없어요. 그 집안의 정서상 저절로 잘 자라게 됩니다.

눈 맞추기를 하면 서로 긍정적 희망의 대화를 하게 됩니다. 웃음이 넘쳐나고 하루 스트레스가 확 달아나지요. 그 집은 청소도 잘되어 있을 것이고, 사랑이 담긴 음식도 그 자체가 약입니다. 자녀 교육 따로 할 필요도 없어요. 그야말로 건강과 행복이 가득한 가정이 되는 것입니다. 눈 맞추기가 안 되면 그 집안은 안 봐도 훤합니다. 집안은 정돈이 안 되어 있을 것이고 서로 상처 주는 말만 오갈 것입니다. 우리는 생각이 건강해야 합니다. 우리 삶의 문제를 해결하는 치료제가 따로 있는 것이 아니예요.

여러 나라를 여행해봤지만 우리나라만큼 살기 좋은 나라가 없어요. 혹한과 혹서도 없고 큰 지진과 해일도 없어요. 참 선택받은 민족입니다. 이것은 부처님 원력이고, 부모님 은혜며, 나의 공덕입니다. 이 세 가지가 모여 좋은 환경이 되는 거예요. 그래서 우리

나라 사람은 본래로 심성이 어집니다.

부처님께서 '누누이 법의 상속자가 되어야 한다, 재물의 상속자가 되면 안 된다'고 하셨습니다. 널리 중생을 이롭게 하는 것을 법으로 깨우쳐 줘야 합니다. 그것이 불교에서 전미개오(轉迷開悟), 머리에서 눈에서 깨우쳐 주는 거예요. 우리 민족에게는 용맹한 기상이 있습니다. 엄살떨지 말고 불끈 일어나서 부처님 정법으로 용감하게 삽시다.

경남 남해에서 태어나, 동국대학교 인도철학과를 졸업하고 동 대학원 불교학과 박사과 정을 수료했다. 중국 문화대학에서 「보조선의 연구」로 박사학위를 취득하고, 대만에서 대한불교 홍법원을 설립했으며, 한국선학회 회장, 동국대학교 불교대학장, 한국정토학 회장, 정각원장 등을 역임했다. 현재 보조사상연구원장 및 동국대학교 불교대학 선학 과 교수로 재직 중이며, 저서로는 『말 있는 곳에서 말 없는 곳으로』, 『문답으로 풀어보는 불교입문』, 『물속의 물고기가 목말라 한다』 등이 있다.

어깨춤을 추며
사는
즐거운 세계

보조사상연구원장 법산 스님

◉

찬빙취화빙수신 (鑽氷取火憑誰信)
변명공부입사문 (拚命工夫入死門)
탈체일교번득활 (脫體一交翻得活)
금강정염투건곤 (金剛正焰透乾坤)

얼음을 쪼개어 불을 취한다면 누가 믿겠는가
생명을 던지는 공부로 죽음의 문에 들어라
당체를 벗고 한 번 뒤집어야 살 수 있으니
금강의 바른 불꽃이 하늘과 땅을 투과하누나

한번 생각을 뒤집으면 새롭게 태어날 수 있다는 의미의 게송입니다. 참으로 통쾌한 이 의미를 일상적인 마음으로 이해하려고 하면 안 됩니다. 흔히 평상심을 도라고는 말하지만, 항상 물들고 오염된 것이 우리의 일상적인 마음이기 때문입니다.

뽕잎을 두고 비단이라고 말한다면 아마 이상한 사람 취급을 받을 테지만, 뽕잎에는 비단의 성품이 감추어져 있습니다. 뽕잎을 먹은 누에가 고치를 만들고 그 안에서 목숨을 버려야지만 비단을 만들어낼 수 있기 때문입니다. 비록 비단에는 뽕잎의 모양도, 누에나 고치의 모습도 보이지 않지만 그것들이 모여 새롭게 태어났을 때 비단으로서 가치를 가질 수 있는 것입니다.

평소 거짓말과 나쁜 짓을 많이 하는 사람을 보면, 과연 저 사람도 부처라고 할 수 있을까 하는 의구심이 생깁니다. 하지만 나쁜 사람이든 착한 사람이든 마음 바탕은 매한가지입니다. 본래 뽕잎에 있는 비단의 성품이 똑같듯 일체중생의 마음에 있는 근본 자성의 진여, 즉 밝음은 똑같다는 말입니다. 그렇기 때문에 '평상심이 곧 도요, 중생의 마음이 곧 부처님의 마음'인 것입니다.

『열반경』에서는 "일체중생 실유불성"이라고 해서 '모든 생명이 다 부처님의 성품을 갖추고 있다'고 말합니다. 즉 누구나 성불할 수 있는 자격이 있는 것입니다. 다만 업을 잘못 지어서 그 과보로 괴로움이나 즐거움을 받는 것일 뿐입니다.

## 【 부처가 되는 빠른 길 】

중생심이라는 것은 색안경을 끼고 있는 것과 같습니다. 색깔이 있는 안경을 끼고 보면 자연히 모든 것이 그 색깔로 보일 수밖에 없습니다. 술 마시는 사람, 담배 피는 사람 중에 원래부터 술 잘 마시고 담배 피던 사람은 아무도 없습니다. 그저 잘못된 업의 놀음에 이끌린 것입니다.

안타깝게도 그 사실을 깨닫지 못하고 마지막 순간에 가서야 자신의 삶을 후회하는 분들이 더러 있습니다. 그러나 죽어가면서 후회한들 무슨 소용이 있겠습니까. 미리 자신을 갈고 닦아 끝없이 시도하는 것이 무엇보다 중요합니다. 시도를 해서 안 되는 일은 하나도 없습니다. 무엇이든 반드시 이룰 수 있습니다. 안 되는 것은 단지 우리에게 신심과 용기 그리고 지혜가 부족하기 때문입니다. 진리를 알고 신심으로 행하면 아무리 어리석은 사람일지라도 부처가 되는 빠른 길로 들어설 수 있습니다.

『화엄경』에 "심불급중생 시삼무차별(心佛及衆生 是三無差別)"이라는 말씀이 있습니다. '마음이라는 것을 두고 보면 중생과 부처가 차별이 없는 하나'라는 얘기입니다. 흔히 아뢰야식이라고 하는 중생의 '한 마음'은 모든 것을 감추고 있는 창고입니다. 이 창고에는 두 가지 마음이 들어있는데 하나는 참된 마음, 즉 진여심(眞如心)이고 나머지 하나는 끊임없이 생겼다 사라졌다 반복하는 생멸심(生滅心)입니다.

진여심은 다른 말로 지혜심이라고도 하는데, 밝고 깨끗한 본래 마음으로 절대 변함이 없는 부처님의 마음입니다. 반면 생멸심은 다른 말로 수연심이라고 해서 환경과 대상에 따라 변하는 마음입니다. 그런데 이 마음은 둘이면서 하나고, 하나이면서 둘입니다. 우리를 중생이라 부르는 까닭은 생멸심에 사로잡혀 자주 마음이 오고가는 탓입니다. 불교는 수행을 통해 이러한 생멸심을 다스리고 진여심을 드러내 지혜롭게 살도록 하는 종교입니다.

## 【 마음의 독성을 제거하는 수행 】

버섯은 색깔이 곱고 예쁘장할수록 독성이 강해 사람이 먹을 수 없는 독버섯이라고 합니다. 그런데 그 독버섯도 독성을 제거하는 방법만 알면 일반 버섯보다 훨씬 영양가 풍부한 좋은 음식이 될 수 있다고 합니다. 즉 극약이라는 것이 사람을 죽이는 약도 되지만 반대로 사람을 살리는 약도 될 수 있다는 것입니다.

사람들이 즐겨 마시는 녹차를 만드는 과정 속에는 오묘한 진리가 숨어 있습니다. 녹차 잎은 온갖 것을 다 잘 먹는 흑염소조차 먹지 않을 정도로 독성이 아주 강합니다. 그런 녹차 잎을 뜨거운 솥에 볶고 다시 꺼내 비비는 과정을 아홉 번씩 한 후에야 비로소 독성이 빠진 맛있는 차를 즐길 수 있습니다. 그렇게 만든 녹차 잎을 차로 우려내고 남은 찌꺼기를 보면 상처 하나 없이 푸른 빛 그대로 살아 있는 것을 볼 수 있습니다. 독성을 제거하니 그렇게 훌륭한 생명의 참된 모습을 드러내는 것입니다.

　우리 이 마음에도 독성이 있습니다. 이것저것 하고 싶은 것은 많은데, 욕심대로 되지 않으면 화를 내고 싸웁니다. 온갖 나쁜 일을 하는 것이 다 마음에 담겨 있습니다. 그러니 마음에 있는 이 독성도 녹차 잎에서 독성을 뽑아내듯 제거해 버려야 합니다. 불교에서 말하는 수행은 이런 마음의 독을 버리기 위한 참회이자 뉘우치는 행위입니다.

　수행에는 여러 가지 방법이 있지만, 그 중 참선을 하는 것이 가장 좋습니다. 물론 염불이나 다른 수행을 하더라도 참선과 같은 공덕을 가질 수 있습니다. 예를 들어 염불을 하는 동안 '이놈이 누구인가' 하는 고요한 선정을 가지면 참선과 같은 효과를 낼 수 있는 것입니다. 용수 보살의 『대지도론』에서 "선정은 지혜의 창고를 지켜 공덕의 복밭[福田]이 되며, 청정한 물 위에서 능히 모든 애욕의 티끌을 씻는다."고 했습니다. 또 "선정은 금강의 투구여서 번뇌의 화살을 능히 막으며, 무여열반은 얻지 못하더라도 열반의 기분은 얻을 수 있다."고 말합니다.

　선정에 든 기도를 통해 마음이 밝아지고 금강과 같은 삼매를 얻게 되면, 죄는 스스로 무너져 버립니다. 그리고 상대를 맑게 해주는 마니보주와 같은 역할로 한량없는 사람들을 제도할 수 있습니다. 제아무리 어지러운 티끌이 마음을 산란케 하더라도 안정된 마음으로 참선하고 염불을 하면, 마치 쏟아지는 비에 해를 가린 구름이 걷히듯 저절로 업장이 소멸되고 번뇌 망상이 지워지게 되는 것입니다.

## 【 아름답고 즐거운 세상을 얻는 수행의 공덕 】

어느 날 방선을 하고 밖으로 나오니 채 어둠이 가시기 전 보슬비가 내리고 있었습니다. 어둠 속에 들려오는 거문고 소리 같은 그 빗소리가 마음을 고요하게 해주었습니다. 또 새벽 하늘과 아름다운 산색은 모든 것을 잊고 그 짙푸른 솔잎 사이로 스미는 듯한 생각마저 들게 했습니다. 이것이 바로 참선의 공덕이 아닌가 생각합니다.

마음이 편하면 대상과 더불어 할 수 있습니다. 부처님께서는 도를 깨달으신 후 세상 모두가 즐거울 수 있는, 밝은 자성의 바탕을 누구나 가지고 있음을 보셨습니다. 그래서 수행을 통해 이런 경계, 즉 제법실상을 일체중생이 다 증득할 수 있도록 입이 쓰도록 말씀하셨던 것입니다. 우리가 그 가르침을 듣고 배우고 마음에 익혀서 부처님과 같이 수용하고, 독버섯이 아닌 영양가 높은 맛있는 버섯이 되고, 색안경을 벗어 본래 진여의 자성을 깨닫는다면 세상은 정말이지 아름답고 즐거울 것입니다. 그 세계가 바로 무량수 아미타 부처님, 관세음보살님이 모든 중생을 보살펴 주시는 극락정토의 세계일 것입니다.

부처님의 수행을 통해 이 사회 모든 중생이 함께 성불하고, 어깨춤을 추며 노래하는 즐거운 세계를 완성시키는 날까지 열심히 공부하고 정진해 나갑시다.

1944년 전북 남원에서 태어나 1964년 화계사 혜암 스님을 계사로 사미계, 1972년 해인사 고암 스님을 계사로 구족계를 수지했다. 조계종 총무원 교무국장, 실천불교승가회 의장, 초심 호계위원장, 조계종 교육원장 등을 역임했으며 현재 참여연대 공동대표 및 청암사 주지를 맡고 있다. 1977년 불교신문 신춘문예에 「미소」가 당선되었고, 이듬해 한국일보 신춘문예에 「채석장 풍경」이 당선되어 등단하였다. 시집으로 『무엇을 위해 살 것인가』가 있으며, 산문집으로 『돌을 꽃이라 부른다면』, 『향기를 따라가면 꽃을 만나고』가 있다.

# 나를
# 봐라

전(前) 조계종 교육원장 청화 스님

◉

오늘 준비한 법문의 주제는 '나를 봐라'입니다. 이 말씀은 부처님께서 어느 비구 스님이 수행을 잘 하다가 중도에 포기한 것을 보고, 그를 지도하시면서 하신 말씀입니다.

어떤 스님들은 몇 달 내로 일대사를 해결하고자 하는 굳은 결의와 열정을 가지고 남보다 배로 정진하는 경우가 있습니다. 그러나 수행이라고 하는 것이 그렇게 작심한 대로 되는 것은 아닙니다. 어느 순간 갑자기 그 열정에 찬물 한 방울이 딱 떨어집니다. 그러면 차츰 열정의 마음이 식으면서 '그동안 열심히 정진해 왔는데 내가 지금 서 있는 위치는 과연 어디이며, 깨달음에 도달하기까지 도대체 얼마나 남았는가?'라는 생각이 들게 됩니다.

그러나 수행이라고 하는 것은 그 진행과정에 대해서 자기 스스로도 증명할 수 없고 객관적으로도 확인할 수가 없는 것입니다. 이러한 답답함 때문에 열심히 정진하던 사람이 도중에 정진의 불을 잃어버리는 경우들이 왕왕 있습니다. 아마 이 비구 스님도 그런 경우가 된 것 같습니다. 이에 부처님께서 말씀하셨습니다.

"만약에 나 역시 너처럼 참고 정진하는 것을 포기했더라면 오늘의 이 영광이 주어질 수 있었겠느냐? 사람은 마땅히 희망을 잃지 않고 항상 노력해야 한다. 참고 노력하는 그것이 가져오는 결과는 나의 오늘처럼 영광이 되는 것이다. 비구여, 희망을 가지고 있는 한 분투하라. 참으로 용기 있는 자는 의기소침하거나 지치지 않는다. 나를 봐라. 모든 재앙을 극복하고 원하는 것을 다 성취하지 않았느냐."

## 【 부처님께서 보여주신 네 가지 모습 】

우리는 가령 자녀가 명문대를 목표로 하고 입시 준비를 열심히 하다가 중도에 지쳐서 포기하게 되면 대개 이렇게 말할 것입니다. "내 처음부터 그럴 줄 알았다. 네 주제에 명문대가 가당키나 한 말이냐. 에라 이 못난 놈아 다 때려치우고 붕어빵이나 구워라." 그런가 하면 또 이렇게 얘기하는 사람도 있습니다. 이유를 따집니다. "내가 너에게 밥을 굶겼니, 옷을 안 사줬니, 용돈을 적게 줬니? 아니면 남들처럼 과외를 안 시켰니, 학원을 안 보냈니? 또 공부를 못하게 일을 시켰니? 도대체 명문대를 포기한 이유가 뭐니?" 이렇게 따지는 것입니다.

이런 식의 말은 힘을 잃고 쓰러진 사람의 몸 위에 바위 덩이를 얹어 놓은 것과 같습니다. 그 결과는 그가 쓰러진 자리에서 다시는 일어나지 못하고 죽게 만드는 것입니다. 즉 힘을 잃은 사람에게 힘을 주는 것이 아니라 오히려 남은 힘마저 빼앗아 버리는 것입니다.

지도는 어떤 경우에도 가능성을 열어주고 힘을 얻게 하고 희망을 갖게 하고 분발토록 하는 것입니다. 다시 말해서, 쓰러진 사람을 일으켜 세워 몰랐던 것을 알도록 깨우쳐 주는 것이 지도입니다. 부처님께서는 의지가 나약해 도중에 정진을 포기하고 타락한 제자를 향해서 '나를 봐라' 하시고 당신의 네 가지 모습을 보여 주셨습니다.

첫째, 정진하는 것을 중도에 포기하지 않는 것입니다. 부처님께서는 출가 이후 정진을 포기하신 적이 없습니다. 마치 시위를 떠난 화살처럼 오직 해탈만을 향해서 매진하셨습니다. 부처님께서는 수행을 포기할 것을 유혹하는 악마에게 "내게는 믿음과 노력 그리고 지혜가 있다. 나약한 모습으로 굴복해서 의미 없는 인생을 사느니 차라리 그 뜻과 힘껏 싸우다가 장렬하게 죽겠다."라고 말씀하셨습니다. 이와 같이 목숨을 내걸고 정진하셨습니다. 이 불굴의 모습을 보라고 한 것입니다.

둘째, 어떠한 경우에도 희망을 잃지 않는 것입니다. 부처님께서는 태자 시절 동문을 나가서 만난 노인의 모습에서 미래의 자기 모습을 보았습니다. 또한 남문에서는 병자를, 서문 밖에서는 상여를 만나 자신의 절망적인 미래 모습을 보았습니다. 그리고 마지막으로 북문을 나가서 거룩한 수행자를 만나 비로소 자기가 가야 할 미래의 희망을 발견했습니다. 그 희망은 결코 즉흥적인 것이 아니었으며, 절망 가운데 발견한 실로 고귀한 것이었습니다. 어떤 것에도 부서지지 않는 금강석과 같은 희망, 그런 희망을 가진 모습을 보라는 것입니다.

셋째, 참고 노력한 결과로 영광을 얻은 모습입니다. 부처라는 영광은 고통을 참고 뼈를 깎는 노력의 결과로 얻게 되는 것입니다. 6년 동안의 피나는 정진 끝에 성불하신 부처님에게는 그 원력에 의한 무수한 수행과 보살행의 전생이 있었습니다. 바로 이 참고 노력하는 결과로 얻은 영광을 보라는 것입니다.

넷째, 모든 재앙을 극복하고 원하는 것을 다 성취하는 것입니다. 부처님은 과거에 처음 발심하실 때 모든 중생을 제도키 위한 오백 가지 원을 세우고, 만약 다 성취하지 못하면 성불하지 않겠다고 서원하셨습니다. 석가모니는 부처님이 되셨기 때문에 이미 오백 가지 원을 100퍼센트 성취하신 것입니다. 그러나 이러한 것들은 쉽게 얻어지지 않았습니다. 초지일관의 불굴의 의지와 강철 같은 원력으로 무수한 재앙을 극복하여 마침내 지혜와 복덕을 완전하게 구족하신 부처님이라는 인격을 성취하신 것입니다. 이처럼 오백 가지 원하는 바를 성취하신 모습을 보라는 것입니다.

　부처님은 인격적으로나 능력적으로 흠결이 없기에 두려움 없이 당당하고 힘 있게 세상을 향하여 '나를 봐라'고 말씀하신 것입니다. 부처님께서 '나를 봐라'라고 하신 것은 부처님의 얼굴이나 어떤 형상을 보라는 것이 아니고, 법을 보라는 것입니다. 그 법에 자신의 모습과 생각과 바람을 비추어 보면, 무엇이 잘못되었는지 그리고 무엇이 문제인지 깨닫게 되기 때문입니다.

## 【 나를 향해 쏘는 화살 】

옛날 중국에 한 사냥꾼이 있었습니다. 어느 날 산에서 사슴을 쫓다가 한 스님을 만났습니다. 그 스님은 중국의 유명한 마조 스님이라고 하는 큰스님이었습니다. 사슴의 행방을 묻는 사냥꾼에게 스님은 이렇게 묻습니다. "화살 하나로 몇 마리나 맞히는가?" 사냥꾼은 한 화살에 한 마리씩 맞힌다고 답했습니다. 그러자 마조 스님께서 껄껄 웃으면서 사냥 실력이 형편없다고 말했습니다. 화가 난 사냥꾼은 "그렇게 말씀하시는 스님께서는 활이나 쏠 줄 아십니까?" 하고 반문합니다. 마조 스님은 "나는 한 화살에 한 무더기를 다 잡는다."고 말했습니다. 이에 사냥꾼은 "짐승들도 살고자 하는 욕망은 스님과 똑같을 텐데 어째서 스님이 되어 가지고 무자비하게 한 마리도 아니고 무더기로 잡을 수 있습니까?"라고 말합니다.

　그 말에 마조 스님은 정색을 하고 이렇게 말했습니다. "그대는 그렇게 잘 알면서 방금 나에게 쏜 화살을 어째서 그대를 향해서는 쏠 줄 모르는가." 그 말은 듣는 순간 사냥꾼은 힘이 쭉 빠졌습니다. 스님의 일갈은 자신을 바라보는 새로운 눈을 갖게 한 것입니다. 사냥꾼은 금방 다소곳한 어조로 "스님, 저는 제 자신을 향해 화살을 쏘고 싶어도 그 방법을 모릅니다."고 말했습니다. 그러자 마조 스님께서는 "이 사람, 억겁에 걸쳐서 무지한 번뇌와 업장만 쌓아오더니 오늘에야 빛을 찾는군." 하고 말합니다. 사냥꾼은 자신을 바라보는 마조 스님의 눈빛에 활을 버리고 출가를 단행했습니다.

이 사냥꾼은 정작 화살을 쏘아야 할 곳은 자기 자신인데 엉뚱하게도 남을 향해 쏜 것입니다. 즉 자기 잘못은 보지 않고 남의 정당한 것은 잘못으로 보고 공격한 것입니다. 이것이 지금 우리 사회의 문제이며 병입니다. 우리 사회를 이끄는 주체들이 자신들을 향해서 화살을 쏠 줄 모르고 도리어 남을 향해서 화살을 날리고 있습니다. 그 이유는 '나를 보라'고 말할 수 없는 사람들이기 때문입니다.

그들은 '나를 봐라'라고 말씀하신 부처님을 보아야 합니다. 정계도, 법조계도, 경제계도, 교육계도, 언론계도 모두가 부처님을 보아야 합니다. 여기서 부처님을 보라고 한 것은 불교를 믿으라는 말이 아닙니다. 부처님께서 세상에 보여주신 여러 법들을 보고 각자에게 요구되는 법을 발견하라는 것입니다. 그리하여 그것을 통해서 회복해야 할 자신들의 모습을 찾으라는 것입니다.

자신에게 화살을 쏠 줄 모르는 병은 믿음으로 고칠 수 있는 것이 아닙니다. 거기에는 오직 각성만이 약이 되는 것입니다. 모두가

언젠가 이 사회에서 당당히 '나를 보라'고 말할 수 있는 여러분이
되기를 기원하면서 법문을 마치겠습니다.

현재 인드라망생명공동체 상임대표 및 조계종 화쟁위원회 위원장을 맡고 있다. 18세에 금산사로 출가해 해인사 강원을 거쳐 봉암사와 송광사 등 제방선원에서 10여 년간 수행했다. 1995년 실상사 주지 소임을 맡아 귀농학교, 대안학교, 환경운동 등 인드라망 생명공동체 운동을 펼쳤다. 2004년 3월 1일 주지 소임을 내려놓고 지리산 노고단에서 생명평화 탁발순례를 시작해, 2008년 12월 14일 회향했다.

# 나를
# 존재케 하는
# 모든 생명이 부처

인드라망생명공동체 상임대표 도법 스님

◉

세상의 것은 온통 그물의 그물코처럼 연결돼 있습니다. 시간과 공간, 내면과 외면, 물질과 정신이 결코 따로 존재하지 않습니다. 서로 의지하고 영향을 주는 관계로 맺어져 있습니다. 나와 너, 아내와 남편, 남자와 여자, 진보와 보수, 좌파와 우파, 자본주의와 사회주의, 미와 추, 성과 속. 이 모든 것이 상호의존적입니다. 동전의 양면 같은 그런 관계입니다.

대승불교의 핵심을 간략하게 요약하자면 여실지견(如實知見)과 여실지견행(如實知見行), 이렇게 정리할 수 있습니다. 여실지견이란 무엇입니까. 사실을 있는 그대로 본다는 말입니다. 사물이나 사실을 있는 그대로 보고 이해하는 것을 불교에서는 지혜라고 합니다. 팔정도(八正道)의 관점으로 보자면 정견(正見)입니다.

그러나 우리는 세상을 있는 그대로 보지 못합니다. 관념이나 생각의 색안경을 끼고 있기 때문입니다. 이것을 부처님께서는 전도몽상(顚倒夢想)이라고 하셨습니다. 다시 말하면 망상(妄想)입니다.

우리 사회에는 참 많은 망상들이 존재합니다. 경쟁력이 있어야 하고 꼭 1등을 해야 합니다. 물론 부자에 대한 꿈도 있지요. 1등만이 희망인 세상입니다. 그러면 1등은, 부자는 행복할까요? 내용을 깊이 들여다보면 참 나쁜 거짓말입니다. 아니 위험한 거짓말입니다. 그러나 이런 거짓말에 속아 처지를 비관하고 목숨까지 버리는 일까지 벌어지고 있습니다.

부자를 예로 들어봅시다. 스스로를 부자라고 말하는 사람이 있습니까? 부자라고 할 때 스스로 부자라고 인정해야 부자입니다. 그러나 스스로 부자라고 말하는 사람을 저는 거의 보지 못했습니다. 물론 이만하면 됐어 하고 말하는 사람들이 간혹 있습니다. 그렇지만 그런 사람들은 제가 볼 때 아주 큰 부자들은 아닙니다. 정말 많이 가진 사람들로부터 부자라는 말을 들어본 적이 별로 없습니다.

부자나라 하면 미국 아닙니까? 그러나 미국이 만약 스스로 부자라고 생각하고 충분하다고 여겼다면 이라크 전쟁을 일으켰을까요? 이라크 전쟁은 더욱 부자가 되고 강자가 되겠다는 행동입니다. 미국도 결코 스스로 부자라 여기지 않는 것이겠지요.

우리가 생각하고 있는 부자는 현실에서는 이뤄지지 않습니다. 욕심과 욕망이 한계가 없는데 어떻게 만족이 있을 수 있겠습니까. 그러니 행복이 있을 턱이 없지요. 계속해서 갈증만 더할 뿐입니다. 부처님은 이런 상황을 바로 전도몽상이라고 하셨습니다. 망상이 사람들을 불행하고 고통스럽게 하는 것입니다.

그런데도 사회가 마치 부자타령을 하지 않으면 큰일 날 것처럼 보입니다. 이런 문제는 기도를 하고 참선한다고 해답이 나오는 것이 아닙니다. 문제를 정확히 봐야 합니다. 실상을 제대로 알아야 하지요. 그래서 여실지견(如實知見)입니다. 반야심경에는 조견오온개공도(照見五蘊皆空度)라는 말이 있습니다. 오온(五蘊)의 실상은 공(空)이고, 이를 사실대로 조견(照見), 즉 비추어보면 도일체고(度 一切苦), 즉 모든 고난으로부터 벗어나 해탈하게 된다는 것입니다.

## 【 그물코처럼 얽혀 있는 세상 】

그러나 이렇게 진실을 보게 되면 그 진실에 맞게 행동해야 합니다. 바로 여실지견행(如實知見行)입니다. 우리의 전도몽상은 만물의 영장이라는 오만함 때문입니다. 군림하고 지배하려 합니다. 기독교적 사유방식이기도 합니다.

내 생명은 내 안에 있다, 우리는 이렇게 알고 있습니다. 너의 생명은 너에게, 나의 생명은 나에게 있다, 이렇게 생각합니다. 그러나 이것이 전도몽상입니다. 실상은 그렇지 않습니다. 따로 분리된 생명이란 존재하지 않습니다. 무지와 착각일 뿐입니다.

식물이 없다면 우리는 존재할 수 없습니다. 물이 없으면, 밥이 없으면, 태양이 없으면, 달이 없으면 우리는 존재할 수 없습니다. 결국 지금 여기 내 생명이라고 하는 것은 다른 생명에 의지해서만 존재가 가능합니다. 그 관계가 끊어진다면 나도 존재할 수 없습니다. 이것이 실상입니다. 나 또는 내 생명이라고 주장하고 소유할 수 있는 것은 아무것도 없습니다. 이것을 불교에서는 연기무아(緣起無我)로 표현합니다. 색즉시공(色卽是空)의 존재입니다. 그런 까닭에 내 것이라고 주장할 수 있는 것도 없습니다. 모든 것이 착각일 뿐입니다.

부모님이 나를 낳고 길러주셨습니다. 그래서 존경하고 감사합니다. 받들어 섬깁니다. 군림할 수 없습니다. 왜냐하면 나를 낳고 길러줬기 때문입니다. 마찬가지로 숲이 나를 낳고 길러주었습니다. 태양이, 물이 나를 길러주고 있지 않습니까. 어떤 존재, 어떤 생명도 나를 낳고 길러주지 않은 그런 생명은 존재하지 않습니다. 이것이 여실지견입니다. 불법의 법(法)은 길을 간다는 의미입니다. 가르침을 법이라고 합니다. 가르침대로 사는 것을 정형화한 것이 팔정도입니다. 『화엄경』에서는 보현행원으로 정리하고 있습니다.

실상을 확인하면 전도몽상을 버리고 떠나야 합니다. 전도몽상을 버리면 곧 구경열반(究竟涅槃)입니다. 지고지순의 행복이란 말입니다. 구경열반은 완전한 행복의 경지, 상태, 세계로 표현합니다. 일생을 걸고 용맹정진 해도 전도몽상을 버리지 못하면 아무 소용 없습니다. 참선이나 기도의 문제가 아닙니다. 불교를 믿느냐, 믿지 않느냐도 본질이 아닙니다. 전도몽상을 깨느냐 못 깨느냐가 관건입니다.

보현행원의 첫 번째 실천이 바로 예경제불원(禮敬諸佛願)입니다. 모든 부처에게 예를 갖춰 경배, 존경한다는 이야기입니다. 중요한 것은 제불(諸佛)입니다. 이 의미가 무엇일까요. 제불은 여기 내 생명을 존재하게 하는 모든 생명입니다. 그래서 예경제불은 모든 생명을 예배한다는 말입니다.

부처님의 스승은 누구일까요. 중생입니다. 중생이 없으면 부처도 없습니다. 세상에는 독자적으로 완전한 존재는 없습니다. 『화엄경』의 가르침은 한 마디로 삼세간상호장엄(三世間相互莊嚴)입니다. 삼세간의 세 가지 세간은 하나는 중생들, 하나는 불보살들, 다른 하나는 자연세간입니다. 이 세 가지가 서로서로 존재의 의미를 갖게 해준다는 말입니다. 중생이 있음으로 부처가 존재합니다. 자연세계가 있음으로 중생과 부처가 더불어 사는 것입니다.

확고부동해야 합니다. 다른 모든 생명이 내 생명이고 부처라는 사실을 알고 또한 믿어야 합니다. 그것이 내 생명의 존재의 이유임을 알아야 합니다. 이것이 진정한 의미에서 깨어 있는 힘이고 선정이며 늘 평정을 잃지 않음입니다.

【 전도몽상 깨려면 실상 바로 봐야 】

그렇다면 이런 보현행원을 실천해야 할 현장은 어딜까요. 또 주체와 대상은 누구일까요. 그 현장은 자기가 두 발을 딛고 있는 현실입니다. 집이든 직장이든 어디든, 그것을 실천할 사람은 자기 자신입니다. 아무도 대신할 사람은 없습니다. 죽을 힘 다해서 실천하는 것이 정진입니다. 하고 또 하는 것입니다. 대상은 내가 만나는 그대들입니다. 사람이든 자연이든, 마음에 드는 사람이건 안 드는 사람이건, 기호(嗜好)를 따지면 호오(好惡)를 계산하면 보현행원은 실패입니다. 이런 보현행원을 가장 가까운 사람에게 실천해 봅시다. 친구와 가족, 남편, 아내, 부모, 직장동료들을 존중하고 배려하고 사랑해야 합니다. 그들이 나에게는 부처 같은 존재임을 알아야 합니다. 내 생명을 낳고 길러준 존재입니다. 이것을 보는 것이 깨어 있는 것입니다.

그 안에서 저절로 해답이 나옵니다. 상대의 존재가치를 인정하고 존중하고 배려하면 스스로 뿌듯해지고 또한 기쁨을 느끼게 됩니다. 상대도 당연히 즐거워하겠지요. 이런 관계들이 이뤄지면 결국 삶은 전도몽상이 깨져나가고 열반의 법열이 현존하게 됩니다. 즉 평화롭고 행복한 삶이 이뤄집니다.

그런데 우리는 연습게임만 열심히 합니다. 실전에서는 열심히 하지 않습니다. 아무 반응이 없는 법당의 불상에는 지극정성으로 절하고 기도하고 염불하고 참선하면서 우리 옆에 살아 숨 쉬고 있는 진짜 부처님은 소홀히 합니다. 보현행원의 생활화, 대중화가 돼

야 합니다. 우리가 이것을 명심하고 열심히 한다면 삶의 해답이 절
로 나오게 될 것입니다.

1966년 오대산 상원사에서 희섭 스님을 은사로 출가했다. 상원사, 묘관음사, 송광사, 통도사, 해인사 등 제방 선원에서 20년 동안 수선 안거했으며, 칠불사와 망월사 선원장을 역임했다. 1987년부터 경북 봉화의 문수산 축서사에서 주석하며, 간화선의 전통 확립과 재가불자들의 교육에 힘을 쏟고 있다. 조계종 기본선원 운영위원장을 역임하였으며, 현재 축서사 문수선원장을 맡고 있다.

# 잘 사는 법과
# 잘 죽는 법

축서사 문수선원장 무여 스님

◉

'웰빙'은 몸과 마음을 유기적으로 결합해서 건강한 심신을 유지함으로써 행복한 삶을 추구하는 생활양식을 통틀어 이르는 말입니다. 인생을 보다 풍요롭고 아름답게 영위하고자 하는 새로운 '라이프 스타일'이나 문화라 할 수 있습니다.

'웰다잉'은 두려움 없이 편안한 죽음을 맞이하는 것, 아름답고 품위 있게 잘 죽는 것을 말합니다. 인간은 누구나 태어나는 순간부터 죽음을 향해 달려갑니다. 누구도 피할 수 없고, 확실히 맞이하는 것이 바로 죽음입니다.

누구나 바라는 안락한 죽음, 행복한 죽음인 '웰다잉'을 맞이하려면 잘 살아야 한다는 것을 명심하시기 바랍니다. 왜냐하면, '웰다잉'이 '웰빙'의 완성이라 할 수 있기 때문입니다. 결국 잘 살아야 잘 죽을 수 있습니다. 살아 있는 성자 달라이 라마께서는 "우리가 죽음을 편안히 맞이할 수 있는가 없는가 하는 것은 바로 지금 우리가 삶을 영위하는 방식에 달려 있다."고 말씀하셨습니다. 행복한 삶, 건강한 삶만이 안락한 죽음, 아름다운 죽음을 연출할 수 있습니다.

## 【 마음을 닦지 않으면 행복할 수 없다 】

'웰빙'과 '웰다잉'이 요즘 사람들이 대체적으로 말하는 안락하고 행복한 삶이고, 누구나 갈망하는 아름답고 행복한 죽음이라는 것입니다. 그러나 문제는 '그런 생활로 진정한 행복을 느낄 수 있느냐?'고 반문하면 부정적인 대답을 하는 사람이 많다고 합니다. 생활이나 음식 또는 여가를 즐기는 것은 좋으나 마음의 평화를 얻기는 어렵다고 합니다. 그리하여 '웰빙'이라는 말을 쓰기는 미흡하고 불만스럽다는 것입니다. '웰다잉'도 누구나 바라는 안락한 죽음, 행복한 죽음을 얻기는 어렵지만 죽음에 대한 공포나 괴로움은 다소 줄일 수 있다고 합니다.

그렇다면 진정한 '웰빙'과 '웰다잉'은 바랄 수 없단 말인가? 인간이 그렇게 갈망하고 요구하는 진정한 삶과 죽음은 기대할 수 없단 말인가? '웰빙'이나 '웰다잉'에 대하여 표현은 다르지만 고구정녕하게 말씀해 놓으신 것이 경전이요, 여러 가지 이적을 보여 생사까지도 자재하는 모범을 보인 기록이 천하선지식(天下善知識)들의 어록입니다. 이들 경전이나 어록의 한결같은 말씀은 '진정한 행복을 느끼며 즐겁게 살아가려면 반드시 수행을 해야 하고, 인생대사(人生大事)인 생사를 자재(自在)하고 생사를 해탈하려면 견성성불(見性成佛), 자기의 성품을 보아 부처가 되어야 한다.'는 것입니다.

'웰빙'이나 '웰다잉'을 제대로 하려면 반드시 수행을 해야 한다는 확신을 가지시기 바랍니다. 아무리 의식주가 풍요롭고 소비가 미덕이라는 시대에 첨단제품으로 화려하게 산다 해도 마음을 닦지 않으면 행복할 수 없고 만족할 수가 없다는 것입니다. 마음을 닦으려면 선(禪)을 해야 하고, 선 중에서 최상승법은 화두선(話頭禪)이라는 것을 명심하시기 바랍니다.

구체적으로 말씀드리면 선 수행으로 안락한 견처를 체험해야 진정한 '웰빙'을 느낄 수 있고, '웰다잉'에도 자신만만합니다. 안락한 경지를 체험하지 못하면 참수행이라 말할 수 없습니다. 안락이란 수행이 잘 돼서 몸과 마음이 편안하고 즐거운 상태를 말합니다. 이런 안락한 상태의 극치가 바로 극락이라 할 수 있습니다.

화두에 진정한 의정(疑情)이 일어나 집중이 되면 일체의 번뇌나 망상이 사라집니다. 그렇게 들끓어서 괴롭고 불안하던 온갖 생각들이 사라지면 마음은 아주 고요해 일부러 생각을 하고 기억을 더듬어도 고요하기만 합니다. 그렇게 고요해지면 몸과 마음이 맑아져 편안하게 됩니다.

여기에서 수행이 더 깊어지면 묘한 기분을 느낍니다. 기쁘다고 할 수도 있고 즐겁다고 할 수도 있는 오묘한 법열(法悅)을 느낍니다. 마음의 평화만 느껴도 온몸에서 봄기운이 돌 듯 기분이 좋아지고 긍정적인 반응이 일어나는데, 즐거움까지 느끼면 인생이 변하기 시작합니다. 사고나 자세나 행동까지 달라집니다. 이때는 화두가 동정(動靜)에도 한결같이 되다가 꿈속에서도 변함없이 들리는 정도가 됩니다.

그런 참선자라면 학생이나 주부나 직장인으로서 보람을 느끼면서도 일하고 공부할 수 있습니다. 학생은 학교에서 공부하면서 마음을 상당히 닦을 수 있습니다. 주부는 한 여성으로서 주부로서 수행자로서 안정된 생활을 할 수 있습니다. 집에서 늘 하는 일인, 밥을 짓거나 빨래나 청소를 해도 좋은 기분을 느끼면서 할 수 있고, 직장인도 수행을 게을리 하지 않으면서도 만족스러운 근무를 할 수 있습니다.

이런 정도가 되면 어디가 아프다, 괴롭다, 소화가 안 된다, 몸이 찌뿌듯하고 나른하다 등 보통 안 좋다는 건강이 저절로 좋아집니다. 당뇨나 암 등 웬만한 중병도 초기단계에는 치료 없이 낫는다는 임상결과가 있습니다. 특히 신경계통의 환자에게 특효가 납니다. 정신분열증이나 정신착란증 또는 요즘 젊은 사람이나 여성에게 급격히 는다는 우울증 같은 정신병 계통에 대단한 효과가 있습니다.

이런 정신병 환자는 정신이 집중이 되어 일체 망상이 사라져 마음이 고요하고 안정이 되는 상태가 되면서 서서히 좋아집니다.

이와 같이 화두에 정신이 집중이 돼서 일체 번뇌망상과 잡스런 생각이 다 사라지면 마음은 고요하고 안정이 됩니다. 그러면 마음은 맑아지고 몸은 가벼워서 몸과 마음이 안락한 상태가 됩니다. 이렇게 몸과 마음이 안락한 상태로 살아가는 것을 행복한 삶, 즐거운 인생, 진정한 '웰빙'이라고 합니다.

## 【 생사(生死)는 둘이 아니다 】

참선자는 여기서 멈춰서는 안 됩니다. 화두는 더 성성하고 적적하게 참구해가야 합니다. 화두가 꿈속에서도 변함없이 잘 되다가 깊은 잠에서도 한결같이 들리는 정도가 되면 신통한 경계까지 느끼게 됩니다. 보통사람으로 헤아릴 수 없는 것을 신(神)이라 하고, 걸림 없이 통한다 해서 통(通)이라고 합니다.

이런 경지에서 어느 날, '생사(生死)가 둘이 아닌 것'을 알게 됩니다. 생(生)이 곧 사(死)요, 사(死)가 곧 생(生)이라는 것을 느끼고, 본성은 생하는 것도 아니고 멸하는 것도 아닌 것으로, 영원하다는 것을 알게 됩니다.

생사(生死)가 둘이 아니고, 본성은 영원하다는 확신까지 서면, 죽음을 두려워하고 죽음의 공포에서 벗어나지 못했던 사람까지도 죽음에 당당해지고 근심과 걱정이 사라집니다. 선에서는 이런 정도가 돼야 '웰다잉'이라고 합니다. 더 나아가 깨달음을 열어 생사까지도 자재(自在)하고 해탈(解脫)해야 진정한 '웰다잉'이라고 할 수 있습니다.

이렇게 생사를 자재하고 생사를 해탈하는 것은 깨달음의 경지에 도달해야 하고 선정을 익혀야 합니다. 여러분께서도 수행을 잘하여 생사란 본래 나는 것도 아니며 죽는 것도 아니라는 것을 몸소 체험하시고, 생사문제는 반드시 극복할 수 있는 명제이고 극복해야 하는 필수적인 과제인 줄을 아시기 바랍니다.

평생 수행해온 선승들은 입적을 두려워하지 않고 당당하게 맞이 합니다. 여러분께서도 죽음은 '속박에서 벗어난 해탈이요, 법신(法身)의 탄생이며, 열반의 기쁨'이라는 것을 겪어 보시기 바랍니다. 또한 옛 도인들처럼 '열반은 최고의 행복이며, 영원한 행복'이라는 것을 직접 체험해 보시기 바랍니다.

이제 여러분은 '웰빙'과 '웰다잉'에 대해서 잘 아셨으리라 믿습니다. 어떻게 사는 것이 행복한 삶이고, 어떻게 죽는 것이 아름다운 죽음인가를 느꼈을 것입니다. 오늘 이 인연으로 여러분의 생사관이 확립되어 진정으로 발심할 수 있고, 신앙심을 돈독히 할 수 있는 좋은 계기가 되시기 바랍니다.

부처님께서 열반에 드시기 직전에 말씀하시기를 "너희들은 마땅히 알라. 존재하는 모든 것은 무상하다. 내 지금 금강(金剛)의 몸이지만 무상하여 변하는 것을 면치 못한다. 너희들은 마땅히 부지

런히 정진해야 한다. 속히 생사의 불구덩이에서 벗어나기를 구하라. 이것이 곧 나의 최후의 가르침이니라.” 하셨습니다. 불자 여러분, 명심하시기 바랍니다.

일체 중생의 성품 청정하여
본래부터 생겨남도 멸함도 가히 없는 것
그대가 만일 한 생각에 허물을 안다면
문득 윤회의 고통 끊고 극락에 태어나리라.

1968년 법주사에서 월산 스님을 계사로 사미계를, 1971년 해인사에서 고암 스님을 계사로 구족계를 수지했다. 1991년 법주사 불교전문강원 강주, 조계종 11, 12, 13, 14대 중앙종회 의원, 실상사 화엄학림 강주, 학교법인 능인학원 이사를 역임했다. 현재 경주 기림사 주지 소임을 맡고 있다.

# 탐진치 비움이
# 참다운 작복, 맑은 마음
# 드러나면 곧 공덕

## 기림사 주지 종광 스님

⦿

오늘은 『육조단경』에 설해져 있는 복과 공덕에 대해 말씀드리고자 합니다.

"…어리석은 사람은 복은 닦고 도는 닦지 않으면서 복을 닦음이 곧 도라고 말한다. 보시 공양하는 복이 끝이 없으나 마음속 삼업은 원래대로 남아 있도다. 만약 복을 닦아 죄를 없애고자 하여도 뒷세상에 복은 얻으나 죄가 따르지 않으리오. 만약 마음속에서 죄의 반연 없앨 줄 안다면 저마다 자기 성품 속의 참된 참회니라. 만약 대승의 참된 참회를 깨치면 삿

됨을 없애고 바름을 행하여 죄 없어지리. 도를 배우는 사람이 능히 스스로 보면 곧 깨친 사람과 더불어 같도다.…"

『육조단경』'멸죄송(滅罪頌)'의 말씀입니다. 우리의 신앙을 살펴보면 복을 지으려고 열심히 노력합니다. 하지만 복을 받기 위해 비는 것은 기복입니다. 거듭 말씀드렸지만 복은 빌어서 얻어지는 것이 아니라 만드는 것, 짓는 것입니다. 그러니 우리가 해야 할 것은 도를 닦는 것입니다. 공부하라는 말씀입니다.

## 【 탐진치 남긴 채 쌓은 복은 헛된 노력 】

그런데 우리는 지금 우리가 행하고 있는 신행 형태가 도를 닦는 것이라고 생각하고 있습니다. 그러나 기실은 그렇지 않습니다. 경전의 말씀처럼 보시 공양하는 공은 한이 없을지라도 마음속의 삼업, 탐진치는 원래대로 남아 있기 때문입니다.

그래서 '만약 복을 닦아 죄를 없애고자 하여도 뒷세상에 복은 얻으나 죄가 따르지 않으리오'라고 말씀하시는 것입니다. 마음속에 탐진치를 그대로 담고 있으면 아무리 복이 많다하더라도 죄는 그대로 따라다니는 것입니다. 내 마음 속에서 탐진치 삼독이 그대로 담겨 있기 때문입니다. 그러니 탐진치 삼독을 없앨 수 있다면 사람마다 자기 성품 속에 바른 참회가 되는 것입니다. 정말로 참회하는 것은 내 마음 속에 탐냄, 성냄, 어리석음을 조금씩 없애가는 것입니다.

"…만약 장차 본래의 몸을 찾고자 한다면 삼독의 나쁜 인연을 마음속에서 씻어 버려라. 힘써 도를 닦아 유유히 지내지 말라. 어느덧 헛되이 지나 한세상 끝나리니 만약 대승의 단박 깨치는 법을 만났거든 정성들여 합장하고 지극한 마음으로 구하라.…"

바로 깨닫는 법이라고 하는 것도 바로 탐진치를 덜어내는 것에서부터 시작해야 한다는 것입니다. 마음속에 탐진치를 담고 내가 공덕을 짓는다거나 또는 공부를 한다거나 또는 복을 구한다는 것은 전부 부질없는 것입니다. 삼독의 나쁜 인연을 마음속에서 자꾸 씻어내야 합니다. 탐내는 마음, 화내는 마음, 어리석은 마음을 자꾸 없애야 합니다. 특히 우리는 어리석음을 많이 갖고 있습니다. 여러분은 부처님께 자꾸 무엇을 구하지요. 그 구하는 마음의 바탕에는 욕망이 있습니다. 더 잘살아야겠다, 더 많이 가져야겠다, 더 높아져야겠다 뭐 이런 것입니다. 그것은 욕망, 욕심입니다.

물론 많이 가져야 합니다. 많이 가져서 많이 베풀고 많은 사람들에게 이익을 주는 것도 바람직합니다. 우리에게 욕망이 없다면 삶의 동력을 잃어버립니다. 그런데 그 욕망이 철저하게 자기만을 위한 것이어서는 안 됩니다. 함께 하는 생각을 반드시 가져야 합니다. 나도 안락하고 너도 안락한, 우리 모두가 안락한 것이어야 합니다. 그런데 우리를 가만히 들여다보세요. 철저하게 나, 우리 가족에 한정돼 있습니다. 그것을 극복해야 합니다.

또 '힘써 공부를 하면서 유유히 지내지 말라'고 했습니다. '유유히'라는 것은 아무것도 하지 않고 지나가는 것입니다. 벌써 한 해가 다 지나가고 오늘이 섣달 보름입니다. 일 년이 금방 지나간 것입니다. 그러다 보면 어느덧 황혼이 돼 있습니다. 늘 맑게 깨어 있지 않다면 그렇게 흘러가는 것입니다. 경전에서 말씀하신 것처럼 유유히 한 세상 가버리고 마는 것입니다. 그럼 어떻게 해야 합니까. 정성을 들여 지극한 마음으로 공부해야 합니다. 간절한 마음으로 공부해야 합니다. 대충대충, 덤벙덤벙이 아니라 간절한 마음으로 해야 합니다. 다시 말해 열심히 살아야 하는 것입니다.

그럼 공덕은 어떻게 해야 공덕이 됩니까. 공덕 쌓으러 절에 간다는 말씀들 많이 하시죠. 그런데 공덕이 무엇인지 이렇게 말씀하셨습니다.


"…제자가 듣자오니 달마 대사께서 양무제를 교화하실 때, 양무제가 달마 대사께 묻기를, '짐이 한평생 동안 절을 짓고 보시를 하며 공양을 올렸는데 공덕이 있습니까?'라고 하자 달마 대사께서 '전혀 공덕이 없습니다.'라고 대답하시니, 무제는 불쾌하게 여겨 마침내 달마를 나라 밖으로 내보내었다고 하는데 이 말을 잘 알지 못하겠습니다. 스님께서는 말씀해 주십시오.…"


달마 대사는 수많은 절을 짓고 스님들을 출가시키고 경전을 찍어낸 양무제의 공덕을 '무'라고 했습니다. 왜입니까. 무엇을 했다, 했다는 생각에 사로잡혀 있는 한 그것은 공덕이 될 수 없다는 것입니다. "실로 공덕이 없으니, 사군은 달마 대사의 말씀을 의심하지 말라. 무제가 삿된 길에 집착하여 바른 법을 모른 것이니라."라고 하셨습니다. 양무제가 잘못 알고 있다는 것입니다. 참다운 공덕은 안으로 자기를 잘 다스리고, 안으로 자기의 탐진치를 덜어가는 것입니다.

## 【 다른 사람 공경할 때 공덕이 생겨 】

집 짓고 밥 먹이고 옷 입히고, 이것은 공덕이 아닙니다. 당연히 하는 것이기 때문입니다. 가난하고 힘든 사람 도와주는 것은 너무나 당연한 것이지 그것이 무슨 공덕입니까. 불자로서 절 짓는 것 당연합니다. 불자로서 부처님 위해 일하고 부처님 위해 공양하고 보시하는 것은 너무 당연한 것입니다. 그것은 공덕이 아니니 진짜 공덕을 쌓으려면 네 안에 있는 탐냄과 성냄과 어리석음을 없애라는 것입니다. 육조 스님께서 또 말씀하십니다.

"…절을 짓고 보시하며 공양을 올리는 것은 다만 복을 닦는 것이다. 복을 공덕이라고 하지는 말라. 공덕은 법신에 있고 복밭[福田]에 있지 않느니라. 자기의 법성에 공덕이 있나니, 견성이 곧 공(功)이요, 평등하고 곧음이 곧 덕(德)이니라. 안으로 불성을 보고 밖으로 공경하라. 만약 모든 사람을 경멸하고 아상(我相)을 끊지 못하면 곧 스스로 공덕이 없고 자성은 허망하여 법신에 공덕이 없느니라. 생각마다 덕을 행하고 마음이 평등하여 곧으면 곧 가볍지 않느니라. 그러므로 항상 공경하고 스스로 몸을 닦는 것이 곧 공이요, 스스로 마음을 닦는 것이 곧 덕이니라. 공덕은 자기의 마음으로 짓는 것이다. 이같이 복과 공덕이 다르거늘 무제가 바른 이치를 알지 못한 것이요, 달마 대사께서 허물 있는 것이 아니니라.…"

안으로 자기 자신을 맑히고 밖으로 다른 사람을 공경하는 것이 공덕이지 그 외에는 공덕이 없다는 말씀입니다. 안으로는 자기 자신을 맑히기 위해서 노력하고 밖으로는 다른 사람을 공경할 때 비로소 나에게는 공덕이 생기는 것입니다.

공덕이 무엇인지 아시고 복을 짓는 것이 무엇인지 아시겠지요. 복은 빌어서 얻어지는 것. 기복해서 얻어지는 것이 절대 아닙니다. 복을 받고 싶으면 복 받을 행동을 해야 합니다. 밥 먹을 때부터 복 받게 먹어야 합니다. 밥 맛있게 먹는 사람보고 복 받게 먹는다고 하지요. 복 받게 먹어야 합니다. 무슨 일을 하던 복 받게 해야 합니다. 그렇지 않고 어떻게 복을 받겠습니까. 부처님께서는 복을 주시지 않습니다. 복 짓는 방법을 가르쳐 주셨을 뿐입니다. 겸손하고, 남을 공경하면 복이 생긴다고 말씀하셨습니다.

복은 열심히 짓고, 공덕은 내 마음에 내재돼 있는 것이 현현되는 것입니다. 내 마음 속에 내재돼 있는 올바른 평등함, 맑음이 바깥으로 나타는 것이 공덕입니다. 그러니 기복은 이제 그만하고 작복하시고, 그것을 통해 내재되는 공덕이 바깥으로 나타나고 일상에 구현되어 너와 나, 우리 모두가 안락함을 누리도록 노력하시기 바랍니다.

1971년 부산 마하사에서 문성 스님을 은사로 출가. 해인사 승가대학을 졸업하고 해인사 승가대학장을 역임했다. 조계종 중앙종회 의원, 조계종 교육위원, 역경위원, 전국승가대학협의회 회장을 역임했다. 현재 부산 해인정사 주지와 동명대학교 불교문화학과 교수로 있으면서 『화엄경 청량소초』 번역에 매진하고 있다.

# 운명을
# 바꾸는
# 법

부산 해인정사 주지 수진 스님

◉

오늘은 '운명을 바꾸는 방법'에 대하여 말씀드릴까 합니다. 여러분, 가능한 것을 가능하게 하는 것은 어려운 일이 아니겠지요. 참으로 어려운 것은 불가능한 것을 가능하게 하는 것입니다. 불가능한 일을 가능으로 바꾸는 일은 쉽지가 않습니다. 그래서 일반적이지 않은 무언가 획기적인 다른 수단이 필요합니다. 그런데 말이 쉽지 이런 절묘한 방법이 과연 있기는 한 것일까요. 불교에는 이런 불가능을 가능으로 바꾸는 방법이 있습니다. 무엇일까요. 잘 아시겠지만 바로 수행입니다.

부처님께서 말씀하신 수행에는 대략 세 가지가 있습니다. 첫째, 부처님 명호를 열심히 부르는 것입니다. 기도라고도 하고 염불이라고도 합니다. 관세음보살을 염송하거나 아니면 석가모니불, 지장보살을 열심히 부르는 것입니다. 또 다른 수행 방법으로는 간경이 있습니다. 경전을 읽으며 부처님의 가르침을 참구하는 것입니다. 또 하나 참선을 통해 깨달음의 길로 곧장 나아가는 방법도 있습니다.

그런데 우리가 이렇게 수행을 하는 이유는 어디에 있을까요. 부처님의 명호를 일념으로 찾는 이유 말입니다. 바로 우리의 운명을 송두리째 바꾸기 위해서입니다. 부처님의 경전을 열심히 읽고 참구하는 것 또한 타고난 운명을 개선하고 궁극적으로 완전히 바꾸기 위해서입니다.

물론 기독교에서도 절대자를 믿고 따르는 것으로 운명을 바꿀 수 있다고 합니다. 구원이지요. 신의 은총입니다. 마치 열심히 공부를 하는 아이에게 선생님이 선물을 주는 형식입니다. 그러나 불교는 결코 어떤 절대자의 구원을 통해 운명이 바뀔 수 있다고 말하지 않습니다. 우리가 일념으로 불보살의 명호를 부르고 염불을 하고 기도를 하는 이유는 바로 그분들과 하나가 되기 위해서입니다. 그분의 삶을 닮아가고, 궁극적으로는 깨달음을 얻기 위해서입니다. 그럼으로써 운명이 달라지는 것입니다.

부처님 당시에 바라문들도 기독교에서 말하는 것과 같이 절대자를 믿었습니다. 흔히 범신(梵神)이라고 합니다. 범신 또한 우주를 창조하고 천지조화를 이루고 길흉화복(吉凶禍福)을 마음대로 합니다. 그런데 바라문들은 절대자를 믿는 것으로 그치지는 않았습니다. 그 절대자와 내가 하나가 되는 것을 갈구했습니다. 믿고 따르는 것을 넘어 하나가 되고자 갈구하는 것, 이것은 수행의 영역입니다. 기독교의 신앙관과는 근본적으로 다른 것입니다.

우리 또한 부처님과 내가 하나가 되는 것을 모든 수행의 근본으로 삼아야 합니다. 그런 측면에서 참선이나 간경, 어느 수행도 결코 다르지 않습니다. 그러나 우리의 현실은 어떻습니까. 복을 얻기 위해서, 병고의 고통에서 벗어나기 위해, 뭔가 얻고 싶은 것이 있을 때 기도를 합니다. 경전을 읽는 사람 또한 지식의 알음알이로 끝내버리는 경우가 많습니다. 과연 이래서 운명이 바뀔 수 있을까요.

## 【 수행의 근본은 부처님 닮는 서원 】

생각을 바꿔야 합니다. 참선을 하는 목적이 어디에 있습니까. 부처님을 부르고 화엄성중을 찾는 이유가 어디에 있습니까. 결국은 아무것도 없는 상태, 진리의 당체로 들어가는데 그 이유가 있습니다. 그러기 위해서는 모든 것을 놓아버려야 합니다. 분별을 끊어버리고 삼독심을 제거해야 합니다. 참선을 하든지, 염불을 하든지, 간경을 하든지 마찬가지입니다. 내가 어디론가 사라지고 없는 경계, 내가 마멸되고 사라지는 현상. 이 모든 것은 일심(一心)으로 정진했을 때 가능합니다.

따라서 수행을 할 때 어떤 마음으로 하느냐가 중요합니다. 복을 받기 위해 기도를 하기도 하고 병을 고치기 위해 기도를 하기도 합니다. 불자들은 기도할 때 가르쳐 준 목표에 따라 기도를 합니다. 물론 기도를 통해 복을 받을 수도 병을 고칠 수도 있습니다.

그러나 우리 기도의 목표는 깨달음이어야 합니다. 내가 나를 바로 알 수 있게 해 달라. 이렇게 기도해야 합니다. 사실 기도든 예불이든 염불이든 간경이든 모두 방편입니다. 방법은 중요하지 않습니다. 관세음보살이든 지장보살이든 중요하지 않습니다. 목표가 중요합니다. 깨달음, 내가 누구인지 아는 것을 목표로 해야 합니다.

경전에 회광반조(回光返照)라는 표현이 있습니다. 빛을 돌이켜 자신을 비추는 것을 말합니다. 따라서 경전을 읽으면서 자기를 보아야 합니다. 그리고 자기를 보는 경전 독송이어야 합니다. 모든 경전은 여시아문(如是我聞)으로 시작됩니다. 아난 존자가 부처님의 말씀을 들었다는 뜻입니다. 그러나 "이와 같이"라고 하였는데 도대체 무엇이 "이와 같이"라고 하였는가. 내가 들었다고 하였는데 도대체 내가 누구인가. 이렇게 바로 자신에게 묻는 것이 수행입니다. 팔만대장경의 내용을 꿰뚫고 있다고 하더라도 자기를 바라보는 가슴이 없으면 의미가 없습니다.

그 어떤 신출귀몰한 존재가 여러분을 행복하게 하고 열반의 세계로 안내한다고 생각한다면 잘못입니다. 여러분이 바로 수행의 주체고 운명의 주인이고 행복의 디딤돌입니다.

불교는 자신 이외의 다른 절대자를 믿지 않습니다. 신을 믿지 않습니다. 결국은 내가 주인공입니다. 현재 과학 물리의 현상을 보십시오. 바로 신이 인간을 지배하고 우주를 지배하는 것이 아니라 인간이 인간을 지배하고 우주를 지배하고 있습니다. 부처님은 천하의 어떤 존재도 그대를 능멸할 존재는 없다고 하였습니다. 부처님은 이미 답을 말씀하셨습니다. 그대가 주인공이라고. 우리는 그 답을 따라서 검증만 하면 됩니다.

부처님은 『화엄경』에서 일미진중함시방(一微塵中含十方)이라 했습니다. 미진 속에서 우주의 실체를 본다고 했습니다. 인체를 해부하지 않아도 조직세포 하나만 떼어 보면 몸의 상태를 알고 병을 진단할 수 있는 것과 같은 이치입니다.

주변에 벌어지는 일을 비롯해 이 우주까지도 나로부터 비롯됐습니다. 옳고 그름, 행복과 불행, 잘 살고 못사는 것, 모든 것의 원인이 나에게 있습니다. 이론적으로 머릿속으로 아는 것이 아니라 이런 진리를 처절한 몸부림과 냉혹한 시련을 통해 온 몸으로 체득해야 합니다.

## 【 경전에 비추어 자신을 돌아봐야 】

운명이 기구하다면 운명을 바꾸세요. 박복하고 어리석다면 박복하고 어리석음을 바꾸세요. 열심히 기도하고 수행하고 염불하면 바꿀 수 있습니다. 운명은 정해져 있지 않습니다. 운명에서 운(運)은 움직인다는 의미입니다. 명(命)은 생명 또는 생활을 의미합니다. 내 생명과 생활은 움직이는 것입니다. 멈춰 있는 것이 아닙니다. 따라서 내 삶은 변화시킬 수 있고, 현재도 끊임없이 변화하고 있습니다.

운명은 바뀌는 것입니다. 내가 지금 둔하다면 처절한 몸부림으로 지혜롭게 거듭나야 합니다. 비록 현재의 처지가 어렵다하더라도 일념으로 노력하면 그 어두운 터널을 벗어날 수 있습니다. 내 인생이 왜이래, 하고 집어 던져봐야 아무 소용이 없습니다. 누가 잘 살게 해주는 것이 아닙니다. 잘 살고 못살고는 나의 한 생각에 달려 있습니다. 내 운명을 바꾸는 것은 나에게 있습니다. 부처님도 나의 운명을 바꿀 수는 없습니다. 하느님도 나의 운명을 바꿀 수는 없습니다. 오직 조언자일 뿐입니다.

그리고 보면 우리는 지금 이 순간 무척 행복한 사람들입니다. 부처님의 법을 만나 공부를 할 수 있고 무엇보다 운명을 바꿀 수 있는 방법을 알고 있기에 말입니다. 우리는 누구에게 예속되거나 노예가 되지 않고 오로지 내 스스로의 노력에 의해 우주의 주인이 될 수 있습니다. 그리고 운명은 바꿀 수 있습니다. 노력에 의해 박복을 잠재우고 행복을 불러올 수 있습니다. 노력에 의해 지혜를 얻을 수 있습니다. 그리고 궁극적으로 깨달음을 얻어 부처님이 될 수 있습니다.

운명을 바꾸는 것은 내 안의 불성을 바로 보는 것입니다. 스스로 부처였음을 자각하고 중생의 굴레를 벗는 것입니다. 다시 말하지만 내 운명은 그 누가 바꾸어주지 않습니다. 내 스스로 바꾸어나가는 것입니다. 그리고 결국은 운명의 굴레를 완전히 벗어버리고 바로 내 마음을 똑바로 보는 순간을 체득해야 합니다. 수행을 통해서 그 세계를 맛보게 되면 우리는 영원히 참다운 세계에서 살 수 있게 될 것입니다.

1953년 생으로 1977년 송광사로 출가했다. 1987년 남방불교와 티베트불교 수행을 경험하기 위해 태국, 미얀마, 스리랑카의 수행처를 방문한 스님은 같은 해 달라이 라마와 만난 후 티베트 망명정부가 있는 인도 북부 다람살라에서 달라이 라마를 보좌하면서 수행 중이다. 저서로는 『달라이 라마와 함께 지낸 20년』(2006, 지영사) 그리고 『나는 걷는다 붓다와 함께』(2010, 한겨레출판) 등이 있다.

# 행복은 치열한
# 신앙의 희생
# 위에서만 꽃핀다

## 인도 다람살라 수행 23년 청전 스님

◉

부산 관음사에 다녀간 지도 벌써 2년이 됐습니다. 그 때 티베트의 라다크 스님 여섯 분을 모시고 법회를 했습니다. 그 스님들과 함께 통도사와 범어사, 멀리는 송광사뿐만 아니라 해인사, 동화사도 갔습니다.

인도로 돌아가기 전 저는 한국에서 무엇이 제일 좋았는지 물었습니다. 스님들은 엘리베이터를 타고 용두산 공원의 탑 꼭대기에 올라가서 본 부산시 야경을 떠올렸습니다. 80세가 넘은 스님들이 한결같이 "여기가 극락"이라며 찬사를 보냈습니다. 전깃불을 보고는 '꽃'이라며 사진을 찍어 달라고 했습니다. 당신들의 말을 빌리면 한국은 분명 극락입니다. 그러나 정작 극락 같은 한국에서 불만과 불신으로 살아가는 분들이 많습니다.

보통 삶의 결과는 모습에 드러납니다. 대표적인 것이 얼굴입니다. 얼굴은 우리 삶의 결과물입니다. 우리는 살아가면서 정신적인 평화와 내적인 고요함을 얻기 위해 먼저 희생을 감내해야 합니다. 부연하면 신앙의 희생을 치러야 합니다. 희생을 치르지 않는 신앙은 관념적이기 쉽습니다. 새벽마다 보는 예불은 자기 신앙에 대한 희생의 하나입니다. 여러분들은 다양한 매체를 통해 티베트 스님들의 편안한 모습, 인도 난민들의 가난하지만 평온한 미소를 접했을 것입니다. 행복한 모습으로 오체투지를 하고, 거리에서 염주를 들고 진언을 외우는 장면도 있습니다. 모두 신앙이 밑받침 될 때 행복해질 수 있음을 알려주고 있습니다.

어느 종교나 행복을 가르칩니다. 그러나 행복해지기 위해 먼저 자기희생을 하라고 하면 쉽게 하지 않습니다. 어디 불사를 한다고 하면 동참을 하지만 자기 몸으로 땀 흘리는 일은 하지 않습니다. 업장은 불사금을 내서 사라지는 것이 아니라 여러분이 직접 몸과 말과 행동으로 실천할 때 소멸됩니다.

티베트에서는 신구의(身口意) 삼업(三業)의 소멸을 중요시합니다. 몸으로 지은 허물은 절, 입으로 지은 허물은 염불이나 진언, 마음으로 지은 허물은 간경이나 참선을 통해서 할 수 있습니다.

저는 특별히 신구의 삼업을 한꺼번에 정화하는 길로 성지순례를 권합니다. 그런데 한국 불자들이 성지순례 하는 모습을 거의 보지 못했습니다. 모두가 성지관광입니다. 성지에 가서 사진 찍고 기념품 사오는 것이 성지순례인 양 착각합니다. 성지순례는 순례를 통해 업장도 소멸하고 부처님 앞에서 더 나은 삶을 살겠다고 약속하는 시간입니다. 지금 삶보다는 적극적인 삶을 살아가는 내가 되겠다는 다짐입니다.

## 【남 배려할 줄 알면 스스로 행복】

지난 법회 때 카일라스 순례의 경험을 다 말하지 못했습니다. 당시 제가 카일라스 성지순례를 할 때 상황은 처절했습니다. 덕분에 업장이 많이 소멸된 것 같습니다. 특히 유목민을 통해 카일라스 순례자들에 대한 이야기를 들었을 때 더 많은 것을 얻을 수 있었습니다. 인도 남단을 한 발로 출발해 12년 만에 카일라스를 오른 힌두교 수행자, 사천성에서 카일라스까지 삶의 절반을 오체투지한 티베트 불자, 마지막으로 오체투지로 고비 사막을 건너 카일라스에서 열반한 몽골 스님까지, 그 분들의 이야기를 할 때면 지금도 숙연해집니다.

어떻게 보면 저는 행복합니다. 성지순례 이후 남을 배려할 수 있게 되었습니다. 신앙에 대한 희생을 통해 배우는 것이 바로 남에 대한 배려입니다. 남을 배려할 줄 아는 사람은 스스로 행복한 사람입니다. 그러고 보면 물질적이든 정신적이든 공양의 대상은 남이 아닌 바로 자신입니다.

티베트에서는 폐관 수행을 합니다. 이른바 무문관 수행입니다. 이 수행을 하는 사람들은 천 일 동안 밖을 나가지 않습니다. 누군가 시간에 맞춰 공양만 넣어 줄 뿐입니다. 달라이 라마께서는 폐관 수행을 통해 천 일 동안 집중하다보면 몸과 마음, 그리고 모든 기관이 바뀌게 된다고 하셨습니다. 아라한과에 들어가면 육신통이 나온다고 합니다. 난행, 고행, 집중하는 기간을 통해 심신이 불보살의 몸으로 바뀐다는 내용은 경전에도 나와 있습니다.

지난해 폐관 수행을 하는 곳에 간 적이 있습니다. 움막에는 창문도 없습니다. 폐관 수행은 빛을 차단시킵니다. 빛이 차단됐다는 것은 시간이 단절됐다는 것을 뜻합니다. 심지어 보름에 한 번 공양물을 넣는데 전에 넣었던 음식이 그대로 있으면 선정 상태이거나 그렇지 않으면 죽은 경우입니다. 다음 달 신호를 보내서 응답이 없으면 죽은 것입니다. 그러면 움막을 해체합니다. 그곳에서는 죽어서 나오는 경우도 있습니다.

폐관 수행자는 수행에 앞서 서약을 합니다. 부처님과 스승 앞에서 죽음이 와도 이 수행을 하겠다고 말입니다. 이런 모습을 처음 본 우리나라 스님들의 반응은 눈물입니다. 어떤 말도 필요 없습니다. 그냥 웁니다. 부끄럽다고 합니다.

## 【 하루 15분 수행은 건강 지름길 】

우리는 천일 동안 어디 가지 않는다고 하면 답답증이 생깁니다. 한국 사람들은 가만히 있지 못합니다. 요즘 어린이들은 컴퓨터와 휴대폰을 끊임없이 사용합니다. 그러다 보니 머리만 있고 가슴이 없습니다. 눈물도 없고 감동도 없습니다.

불자라면 매일을 수행으로 업장을 소멸시켜나가야 합니다. 지금 여기에서 극락세계를 인식해야 합니다. 지금 이 시간, 이 몸 받은 것 그대로입니다. 더 이상 어떤 대안이나 편리나 풍요가 필요하지 않습니다. 이 소중한 시간에 이 몸이 얼마나 보배로운지 돌이켜 보시기 바랍니다. 부처님 경전에도 인간 몸 만나기 어렵고 불법 만나기 어렵다고 했습니다.

제가 개인적으로 당부하고 싶은 말이 있습니다. 끝까지 경전을 봐야 합니다. 많이 본다고 해서 좋은 것이 아니라 마음을 맑히기 위해 하루에 한 줄도 좋습니다. 부처님 말씀은 법보입니다. 경(經)을 매일 읽는 습관을 지니십시오. 이 수행은 결코 흩어지지 않습니다.

절도 마찬가지입니다. 108배가 어려우면 처음에는 좀 낮게 잡으십시오. 21배만 하겠다. 33배만 하겠다, 이 정도 역시 괜찮습니다. 절을 꾸준히 하는 사람들의 희열감은 돈과 매스컴, 영상매체로 얻을 수 없는 영양제이며 삶의 활력소입니다. 하루 15분만 배려하면 그 자체에서 행복을 얻을 수 있습니다. 건강도 좋아집니다.

이 시대의 불안 중 하나는 '건강'입니다. 암, 심장질환, 당뇨 등

불치병 환자가 많습니다. 이 병들은 대부분 규명이 되지 않습니다. 미국 정부에서는 지난 10년 동안 최고의 의학자 600명에게 숙제를 냈습니다. 어떻게 하면 인간이 불치병에서 벗어날 수 있을까. 결과 보고서가 지난 2008년 나왔습니다. 달라이 라마의 법문을 통해 이 사실을 알게 되었습니다. 현대인의 불치병을 치유하는 길은 단 한 가지입니다. 착하게 살고 사랑의 마음, 남을 위하는 마음을 가져야 합니다. 그런 사람에게는 병이 올 수 없습니다. 놀라운 결과입니다. 그것을 불교에서는 '보리심'이라고 합니다.

연말연시면 불우이웃돕기 행사를 많이 합니다. 그러나 진정한 도움이 아닙니다. 연말에만 찾아가서 사람들을 모아놓고 사진을 찍는 것은 폭력이나 다름없습니다. 부처님의 가르침은 드러나는 도움이 아니라 드러나지 않는 행동입니다. 오른손이 하는 일을 오른손도 모르게 하는 무주상 보시입니다. 저는 티베트 라다크에서 수행 차원으로 산골 마을이나 절간에 약을 드립니다. 스님도 재가불자도 약을 받고 웁니다. 그 약 때문에 우는 것이 아닙니다. 진심이 통했기 때문입니다. 이웃을 위한 행동은 자기의 일이고 자신의 행복입니다.

기쁨이 있고 미소가 있기 위해서는 자기희생이 따르는 신앙의 실천이 있어야 합니다. 자, 여러분 얼굴을 봅시다. 다음에 오면 더 밝은 모습, 행복이 깃든 모습을 확인할 수 있도록 열심히 살아주시길 간곡히 당부 드립니다.

1980년 하동 쌍계사서 석암 스님을 계사로 비구계를 수지하고 송광사, 해인사, 망월사 등 제방에서 수선 안거를 마쳤다. 조계종 총무원 호법부 상임감찰, 계조암 주지, 봉정암 주지, 백담사 주지, 신흥사 부주지를 역임했으며 2009년 신흥사 주지로 취임했다. 현재 신흥사복지재단 대표이사 등을 맡아 복지사회구현에 앞장서고 있다.

# 참 모습
# 드러내려
# 애쓰는 게 공부

## 신흥사 주지 우송 스님

가을이라, 공부하기 좋은 계절이 돌아왔습니다. 공부하기 좋은 계절이 따로 있는 것은 아니지만, 가을에는 누구나 시인이 되듯이, 가을이 오면 누가 가르쳐주지 않아도 본능적으로 생로병사(生老病死)에 대해 참구하게 됩니다.

우리 불자님들께서는 오늘 이 법회에 참석하기 위해 가을 설악산을 오르면서 무슨 생각을 하셨습니까. "가을이 오니 좋구나!"라고 생각하신 분은 드물 것입니다. 아마도 "벌써 가을이 왔네!"라고 탄식한 분들이 더 많으실 것입니다. 인생이 백 년, 천 년 갈 줄 알았는데 그렇지 않구나 하는 인생무상의 진리를 일깨워 주는 것이 바로 가을의 힘입니다.

중국 당대(唐代)의 시인으로 '시의 귀재'라 평가 받는 이하(李賀)는 『숭의리체우(崇義裡滯雨)』란 작품에서 다음과 같이 가을을 노래했습니다.

뉘 집의 자식이 이리도 낙망한가
돌아와 장안의 가을에 젖어 본다
젊은 나이로 떠도는 한을 품고
백발이 된 것을 꿈에서 보고
눈물 흘리며 울었다.

이하는 등에 낡은 비단주머니를 메고 나귀를 타고 다니면서 시상이 떠오르는 대로 적었습니다. 이하의 어머니가 아들의 주머니에서 시들을 꺼내보고는 "이 아이가 심장을 토해내야만 시를 멈추겠구나."라고 탄식했다는 유명한 이야기가 전해져 오고 있습니다.

시는 이처럼 심장을 토해내는 것과 같습니다. 우리는 이하의 시에서처럼, 시를 통해 '백발된 꿈'을 미리 꾸어볼 수 있습니다. 그것은 삶의 실상을 선취(先取)해보는 일이기도 합니다. 동서고금의 현자들이 시를 자주 접하라고 가르치는 것은 이 때문입니다.

【 진여본성 찾아 끊임없이 참구할 때 】

우리 불교에도 시와 같은 멋진 가르침이 많습니다.

한 스님이 운문 스님을 찾아와 물었습니다. "나뭇잎이 시들어 떨어지면 어떻게 됩니까?"

운문 스님이 대답합니다. "나무는 앙상한 모습을 드러내고 천지에 가을바람만 가득하지."

'운문체로금풍(雲門體露金風)'이라, '종문(宗門) 제일서(第一書)'로 평가받는 『벽암록』의 제27칙 화두입니다. '체로금풍(雲門體露金風)'이란, '가식 없는 참 모습을 드러내고 있음'을 상징적으로 표현한 말입니다.

공부한다는 것은 무엇이겠습니까? 바로 이 참모습을 드러내고자 애쓰는 것입니다. 나뭇잎을 주렁주렁 매달고 있을 때는 삶의 참모습이 잘 드러나지 않습니다. 바야흐로 나뭇잎이 붉게 물들고, 마침내 체로금풍의 경지에 이르러서야 진면목이 드러납니다.

앙산 스님이 자신을 찾아온 한 스님과 다음과 같은 문답을 나누었습니다.

"요즘 어디에 있다가 왔는가?"

"여산에 있었습니다."

"그럼 오로봉에는 가보았겠군."

"아직 가보지 못했습니다."

이에 앙산 스님이 이렇게 스님을 질책했습니다.

"이 사람아, 아직 산놀이도 못했단 말인가!"

‘앙산부증유산(仰山不曾遊山)’이라, 『벽암록』 제34칙 화두입니다.

여산(廬山)은 강서성에 있는 명산으로, 오로봉(五老峰)은 그 중에서도 빼어난 경치로 유명한 곳입니다. 시선(詩仙)이라 평가받는 이백은 여산의 아름다움에 감탄해 이곳에서 은거를 하고 싶어 했습니다.

이백이 ‘망오로봉(望五老峰)’이란 작품에서 “여산동남오노봉(廬山東南五老峰) 청천삭출금부용(靑天削出金芙蓉)”이라, 즉 “여산 동남쪽의 오로봉이여, 푸른 하늘에 금색 연꽃이 불쑥 솟아 있구나.”라고 읊은 구절은 두고두고 회자되고 있습니다.

이 화두에서 앙산 스님은 단순히 여산의 명승을 구경하지 못한 것을 질책하는 것이 아니라, 진여본성(眞如本性)의 봉우리를 아직도 깨치지 못했느냐고 질책하고 있습니다. 소를 타고 소를 찾지 말라는 가르침입니다.

우리가 설악산을 즐겨 찾지만 대청봉에 오르지 않고서는 설악산을 제대로 올랐다고 말하지 못하는 것과 같은 이치입니다. 매번 설악산에 오르지만 언제 한번 제대로 된 대청봉을 감상하기가 어렵듯이, 삶을 간절히 참구하지 않고 어영부영 지내다 보면 제대로 된 산놀이도 해보지 못하고 하산하게 되고 맙니다.

『벽암록』에는 이 화두 밑에다, “운문 스님이 이 이야기를 듣고 난 후 말하길, 앙산 스님이 자비심을 발휘하여 그를 위해 쉽게 말한 것이라고 했다.”고 덧붙이고 있습니다. 지금 우리 현대인의 삶에는 겉치레가 너무나 많습니다. 산에 오르는 시간보다, 등산복 하나를 구하기 위해 온 시내를 전전하는 시간이 더 많습니다. 그 사람이 쌓아온 등산 경력과 능력보다 그 사람이 입고 있는 등산복으로 그 사람을 평가하는 풍토에 젖어 있기 때문입니다. 이렇게 해서는 오로봉은 커녕 일로봉도 제대로 밟지 못하고 하산하게 됩니다.

일본의 유명한 선사인 잇큐(一休) 스님이 교토의 한 부잣집에서 열리는 법회에 법사로 초청받은 적이 있습니다. 약속한 날 잇큐 선사는 남루한 옷을 입고 부잣집에 들어가려고 했습니다. 그러나 이를 본 주인은 하인들을 시켜 쫓아냈습니다.

절로 돌아온 스님은 화려한 금란가사를 몸에 두른 후 다시 그 집을 찾아갔습니다. 그러자 주인은 아주 공손하게 스님을 맞이하며 안으로 안내를 하려고 했습니다. 그러나 잇큐 스님은 주인의 청을 사양했습니다. 주인이 깜짝 놀라 그 까닭을 묻자, 스님께서 답하시길 "내가 이 금란가사를 드릴 테니 이 가사로 하여금 법회를 주관하게 하십시오. 소승은 조금 전에 이미 문밖으로 쫓겨났었습니다."

## 【 겉보기로 사람 평가하는 풍토 바꿔야 】

이 잇큐 스님이 새해 설날에 신도집을 찾아간 적이 있습니다. 일본에서는 새해가 되면 스님들이 신도 집에 찾아가는 풍습이 있습니다. 새해 첫손님으로 존경하는 스님이 찾아오면 액운이 사라지고 복이 찾아온다는 믿음 때문입니다.

큰 스님이 새해 첫날 자기 집을 찾아온다는 말을 들은 신도는 너무나 황송해서 온 집안을 깨끗하게 청소하고 식구들과 함께 정중하게 스님을 맞았습니다.

그러나 잇큐 스님을 맞이한 신도는 깜짝 놀라고 말았습니다. 잇큐 스님이 지팡이 끝에 해골을 하나 달고 있었던 것입니다.

신도가 얼굴을 찌푸리며, "큰스님, 오늘같이 좋은 날 망측스럽게 어찌 해골을 가지고 찾아오셨습니까?"라고 말했습니다.

그러자 잇큐 스님은 오히려 근엄하게 말했습니다.

"오늘이 무엇이 좋은 날이냐. 설이 자꾸 지나가면 마침내 모두 해골이 될 터인데 죽는 것이 그렇게도 좋으냐. 사람들은 오랜만에 만나면 '살아가는 재미가 어떠하냐?'라고 묻는다. 그러나 따져보면 우리 인생은 살아가는 것이 아니라 태어난 순간부터 죽어 가는 것이다. '살아가는 재미'란 '죽어가는 재미'에 불과하다. 이를 생각하면 새해를 맞이했다는 것이 오히려 두려운 일이다."

입을 다물지 못하는 신도에게 스님은 다음과 같은 법문을 하고 돌아섰습니다.

"이처럼 해가 바뀌어 해골이 눈앞이니 어찌 급하지 않은가. 복을 적게 지으면 지옥보를 받을 것이요. 할 일을 게을리 하면 성취하기 전에 죽음을 맞이할 것이다. 그러니 무슨 일을 하든 상근정진(常勤精進)해야 할 것이니라."

그 신도는 잇큐 스님의 법문을 곰곰이 참구해 보았습니다. 그리고 스님의 법문이 한 치의 거짓도 없는 진실임을 깨닫게 되었습니다. 그 신도는 누구보다 더 열심히 살아서 많은 성취를 거두었습니다.

우리 신도님들도 참구에 참구를 거듭해서 이 가을 체로금풍을 온몸으로 느껴보시길 발원합니다.

태허 스님을 은사로 출가, 1982년 10월 범어사에서 자운 스님을 계사로 사미계를 수
지하고, 1986년 9월 범어사에서 자운 스님을 계사로 구족계를 수지했다. 2007년 4월
선운사 주지로 취임했으며 현재 고창종합복지관 운영위원장, 미당 서정주 문학관 이사
장, 백파사상연구소 이사장 등을 맡고 있다.

# 기도로
# '나' 맑힐 때
# 마음도 진실해진다

## 선운사 주지 법만 스님

천지불능장구재(天地不能長久在)

황차소생천지간(況且所生天地間)

당당불수음양자(堂堂不受陰陽者)

역겁다생자재신(歷劫多生自在身)


하늘과 땅도 능히 영원하지 못하거늘

하물며 천지 안에 생긴 사람이겠는가.

당당히 생사윤회를 받지 않은 자라야

역겁 다생에 자유자재한 몸이니라.

오늘 이 법석에 모이신 많은 불자여러분들 참 반갑습니다. 오늘은 여러분에게 영가천도란 과연 무엇인가에 관해 말씀드리고자 합니다. 불자님들 대부분이 조상천도를 비롯해 유주무주의 고혼들을 천도하기 위한 기도를 자주 하십니다. 그러니 영가천도에는 과연 어떤 의미가 있는가를 여러분들도 잘 이해하셔야 합니다.

서두에 들려드린 이 게송은 모든 영가들의 색신과 법신을 두고 한 말입니다. 이 게송에서 말하는 것처럼 우리들의 육신은 무상한 것입니다. 우주 허공마저도 반드시 없어지고 마는데 하물며 지수화풍(地水火風) 사대(四大)로 만들어진 사람의 몸이 영원할 수 있겠습니까? 우리의 육신뿐만 아니라 세상의 모든 생명은 사대로 이루어집니다. 사대는 모든 생명을 구성하는 원소인 것입니다.

땅을 의미하는 지(地)는 몸을 지탱하는 뼈와 살을 말하며, 만물을 소생시키는 원천입니다. 물을 뜻하는 수(水)는 피와 수분을 의미하며, 만물을 성장시키는 물과 습기입니다. 불을 의미하는 화(火)는 곡기에 의한 몸의 기운과 체온이며, 만물을 성숙시키는 힘입니다. 바람을 뜻하는 풍(風)은 호흡 등 만물을 변화시키는 역동성을 말합니다. 육신은 바로 지수화풍, 즉 흙과 물과 불과 바람 네 가지 인연으로 화합해 이루어진 것으로 인연이 다하면 사라지는 것이 이치입니다.

그런데 사대가 지수화풍으로 돌아가고 나면 그 때 우리는 어디에 있을 수 있겠습니까? 우리의 몸이 부모님으로 인해 생겨났다고 하는데 그렇다면 부모님이 태어나기 전에 '나'라는 존재는 어디에 있었겠습니까? 또 우리의 육신이 소멸된 후 수백 년이 지나 먼지 한 톨도 남지 않게 되면 나라는 존재는 과연 어디에 있겠습니까?

제가 출가를 한 것은 이러한 의문을 해결하기 위해서입니다. 이러한 의문은 출가를 하기 이전부터 늘 제게서 떠나지 않는 물음이었습니다. 어디서 왔고, 어디로 가고, 또 어떻게 살아야 하는지 그 해답을 찾기 위해 책도 보고 많은 분들과 대화도 나눠봤지만 쉽게 해결할 수 있는 문제가 아니었습니다. 이것이 출가의 계기가 됐습니다.

## 【 기도는 스스로 덕 쌓는 노력 】

제가 계를 받고 공부를 위해 찾아간 곳은 강원이나 대학이 아닌 선방이었습니다. 돌이켜보면 건방진 생각이었지만 스스로 공부를 지어보고 싶다는 생각에서입니다. 어떠한 큰 스님의 법문이나 부처님의 가르침이라 할지라도 내 것이 아니라면 알음알이에 매달려 사고가 흐려질 것이란 생각이 앞섰기 때문입니다. 그래서 계를 받자마자 선방으로 향했습니다. 그렇지만 스승이 없는 공부는 한계에 부딪쳤고, 한 발작만 나아가 손만 뻗으면 잡힐 것 같았지만 더 이상 나아가지 못했습니다. 후에 경전과 큰스님의 법문을 보며 크게 깨달은 바가 있습니다. 어느 것 하나 소홀해서는 안 된다는 것입니다.

흔히 오고 감은 업에 의해 결정된다고 합니다. 중생은 필연적으로 업을 짓게 되고, 그 업에 따라 지옥, 아귀, 축생, 아수라, 인도, 천도를 윤회합니다. 그러나 모든 것은 소멸되더라도 업식은 소멸되지 않습니다. 우리의 몸이 다하면 업식은 육도윤회의 종자가 되는 것입니다. 그러나 업식도 소멸될 수 있습니다. 우리의 생사를 여읠 수 있는 해탈의 공부가 바로 업식을 소멸시키는 과정입니다. 경전이나 어록에는 이러한 방법이 체계적으로 서술돼 있습니다. 그렇지만 이러한 방법도 끊임없는 정진과 노력이 없다면 불가능합니다.

앞서 밝힌 것처럼 저 역시 공부를 지어나가는데 있어 한 단계만 내디디면 되는데 그게 말처럼 쉽지 않았습니다. 공부가 부족했을 수도, 복덕이 부족해서 일수도 있습니다. 참당암에 선방을 연 것도 이즈음입니다. 스스로의 경책으로 삼고, 부족한 복덕도 짓고자 문을 연 것입니다. 공부하는 스님들을 위한 도량을 만드는 것은 큰 복덕일뿐더러 사실 이 공덕으로 후에 공부를 지어나갈 때 마지막 경계를 뛰어 넘는 힘이 됐으면 하는 바람도 있었습니다. 그렇게 꼬박 12년을 수좌 스님들과 함께 수행정진하며 살았습니다. 선운사 주지로 선출돼 이곳에 와서도 복덕을 짓는 마음으로 하루하루를 살고 있습니다.

여러분은 매년 백중 때를 비롯해서 종종 돌아가신 조상님의 극락왕생을 위해 기도하고 축원하며 발원합니다. 이러한 훈습에 의한 업은 반드시 존재합니다. 모든 과보는 인(因)과 연(緣)을 지은 사람에 의해 끊을 수 있습니다. 지은대로 가는 것이 당연한 이치지만 여러분의 진실된 기도의 힘으로 조상님은 극락왕생할 수 있습니다.

흔히 "조상이 잘돼야 내가 잘 된다.", "조상의 은덕이 있어야 후손이 잘 된다."고 말합니다. 당연한 말입니다. 그렇지만 조상의 은덕이 후손에게 오려면 스스로 덕을 쌓아 그런 은덕이 자신에게 올 수 있도록 만들어야 합니다. 은덕은 결코 내가 원한다고 오는 게 아닙니다. 주는 대상이 부처님이든 보살님이든 조상님이든 줄 수 있고 받을 수 있는 환경을 만들어야 하는 것입니다. 못된 생각, 못된 행동을 하면 복은 내게서 멀어지는 법입니다.

## 【 모든 생명의 소중함 인식해야 】

그렇기 때문에 열심히 기도를 해야 합니다. 그리고 모든 기도는 본인 스스로에게 향해야 합니다. 기도의 대상은 물론 부처님이거나 보살님, 조상님이겠지만 결국 공덕의 대상인 내가 청정해야 한다는 말입니다. 정말로 열심히 기도하는 사람에게 '저 사람을 끌어내려야지', '저 사람을 속여야지' 하는 마음은 있을 수 없습니다. 진실된 마음은 자신도 모르게 기도를 통해 발현됩니다.

그렇게 되면 주위의 모든 선한 기운들이 인연이 돼 잘 될 수밖에 없는 인연관계로 이어지게 됩니다. 때문에 내 조상, 내 가족만큼이나 다른 사람은 물론 모든 생명이 소중하다고 하는 것입니다. 오늘 법석에 모인 가장 큰 이유가 바로 이러한 것을 배우기 위함입니다.

　여러분이 조상을 천도하기 위해 기도를 하고 법석에 모일 때라도 여러분의 기도는 조상의 천도를 기원하는데 머물지 말고 모든 생명을 축원하고 앞으로 어떠한 마음으로 살아갈 것인지를 생각하는 시간이 돼야 합니다. 변화의 출발은 모든 중생이 부처님의 법안에서 행복하고 안락한, 그러면서도 자신의 능력을 충분히 발휘하고 자유롭고 평등한 세상을 만들어 가겠다는 생각입니다. 이러한 변화는 기도와 수행을 통해 사부대중이 하나가 돼 하나씩 이뤄가야 합니다.

　부처님의 가르침은 그 어떤 진리보다 수승하다고 단언합니다. 다만 이러한 부처님의 법을 어떻게 현실에 적용할 것인지가 관건입니다. 사람들의 가슴 속에 불법이 피어날 때 모두가 행복하고 잘 사는 나라, 바로 불국정토가 이 땅에 실현됩니다.

　이를 위한 최우선이 바로 기도와 수행입니다. 모든 기도는 스스로를 향하게 해야 한다는 것을 마지막으로 우리 불자들이 어떻게 살아야 할 것인가를 다시금 생각해보기 바랍니다. 또 어떻게 하는 것이 조상을 위하고, 생명을 위하고 궁극에는 나를 위하는 것인지 되새겨 보는 자리가 됐으면 합니다. 기도에 동참한 공덕으로 좋은 인연의 결실 맺기를 바랍니다.

〈한국일보〉, 〈Korea times〉 기자로 활동하다 1980년 반정부, 민주화 운동으로 강제 해직된 후 입산 출가했다. 1984년 서울 서초동에 능인선원을 개원, 강남 대표 포교도량을 일구었다. 1988년 사회복지법인 능인종합사회복지관을 설립, 재단법인 능인불교 선양원과 학교법인 한국불교대학원을 설립해 해외포교, 인재불사, 불교복지를 실천하고 있다. 2005년 조계총림 송광사 방장 보성 스님으로부터 율맥을 전수받았다.

# 인생을 사랑한다면
# 매일매일
# 수행해야

**능인선원 원장 지광 스님**

◉

참선을 하다보면 선열(禪悅)이 생깁니다. 보통 세상에서는 희열(喜悅)이라는 말을 많이 쓰는데 비슷한 말입니다. 세상에는 희열이 있지만 부처님 법을 공부하는 사람에게는 법열(法悅)이 있고, 선(禪)을 하는 사람에게는 선열이라는 즐거움의 세계가 있습니다. 세속에는 남녀상열지사(男女相悅之詞)라 해서 부부간에 만나는 그런 즐거움도 있습니다. 이런 즐거움이 지극하여 아내가 없거나 남편이 없으면 '팥 없는 찐빵이다' 이렇게 이야기합니다.

세속에서는 이런 남녀의 만남이 중요합니다. 그런데 차원이 달라지면 또 다른 즐거움의 세계가 있습니다. 지금 우리가 살고 있는 세계가 욕계입니다. 그러나 세상에는 욕계만 있는 것이 아닙니다. 욕계를 넘어서면 색계가 있고, 또 무색계가 있습니다. 이곳에는 사선팔정(四禪八定)이라고 하는 욕계의 즐거움을 뛰어넘는 그런 즐거움이 있습니다. 이런 세계에 나기 위해서는 금생에 수행을 열심히 해야 합니다. 기도도 열심히 하고 염불도 열심히 하고 참선도 열심히 해야 합니다. 일념으로 해야 합니다.

## 【 불교는 내 자신이 나를 구원 】

살다 보면 많은 선택을 하게 되는데 부족한 사람일수록 나쁜 선택을 하게 됩니다. 그래서 고통이 많습니다. 공부를 하고 수행을 하는 것은 이런 부족함을 채우기 위해서입니다. 남들 다 쉬는 일요일 부처님 전에 모여 공부하는 것은 나의 부족함을 채우고 무지를 없애 고통으로부터 탈출할 수 있는 인연을 쌓기 위한 것입니다.

수행에는 다섯 가지 힘이 필요합니다. 첫째는 원력, 모든 것을 뚫고 나가는 투지력입니다. 다음은 끊임없이 자기를 돌아보고 반성하는 참회력, 다음은 마음 한가운데 사랑과 자비의 바다가 있음을 알고 실천하는 자비력, 그러면서 끊임없이 공부해서 법력을 쌓아나가야 합니다. 그리고 용맹하게 수행의 힘을 쌓아가는 정진력이 있어야 합니다. 이것이 부처님께서 말씀하신 다섯 가지 힘입니다. 어떤 어려움도 극복할 수 있는 귀중한 힘입니다.

이 다섯 가지 힘을 기반 삼아 열심히 공부하고 기도하고 참선하면 고통에서 탈출할 수 있습니다. 그것을 우리는 해탈이라고 합니다. 고통에서 탈출하고자 노력하지 않으면 우리는 고통의 바다에서 헤어나올 수 없습니다. 다른 종교는 구원(救援)이라는 말을 합니다. 그러나 불교에서는 내 자신이 나를 구원해야 합니다. 이런 까닭에 우리는 직면한 고통과 아픔을 스스로 채찍질해서 벗어나야 합니다. 그 누구를 원망할 수도 대신할 수도 없습니다.

부처님은 말씀하셨습니다. '나의 공부가 부족해서 악도(惡道)로 가나니, 항상 수행이 부족함을 탓하라.' 우리는 수행이 부족해서 실패를 합니다. 남을 탓하지 말고 환경을 탓하지 말고 스스로 열심히 정진해야 합니다. 뜻이 있는 곳에 길이 있고 좋은 마음이 좋은 길을 엽니다.

세계의 위대한 생화학자들은 좋은 생각을 하면 몸속에 좋은 물질이 만들어지고 나쁜 생각을 하면 나쁜 물질이 만들어진다고 말합니다. 기쁨과 즐거움이 있으면 몸속에 좋은 물질이 만들어집니다. 엔돌핀이 대표적이라 하겠습니다. 자크 모노라는 노벨상을 받은 유명한 생화학자는 유전자의 기기묘묘한 변화 양상을 '언커먼 위즈덤(Uncommom Wisdom)'이라고 했습니다. 도저히 알 수 없는 특별한 지혜가 유전자에 어려 있다는 말입니다. 우연도 필연도 아닌 그 무엇. 도대체 이것이 무엇일까요? 바로 마음입니다. 마음. 그래서 기도를 하고 참선을 하면 변화가 생깁니다. 마음이 변하고 몸이 변하고 유전자가 변합니다. 뭔가 탁월한 길이 열리는 것입니다. 그래서 마음이 맑아지고 깨끗해지면 바로 몸에도 변화가 옵니다. 이것은 유전공학자들이 증명하고 있습니다.

불교에서는 부처님을 대의왕(大醫王)이라고 합니다. 의사 중에 왕이라는 뜻입니다. 고집멸도(苦集滅道)도 의방(醫方)입니다. 고통스러움이 다 질병입니다. 질병은 지은대로 오는 겁니다. 그러니, 만약 건강하기를 원한다면 도(道)를 닦아야 합니다. 일도 처음에 하면 힘들지만 자주, 그리고 오래 하면 어떻게 됩니까. 길이 듭니다. 길이 뭡니까? 바로 도입니다. 공부가 부족해서 여러 가지 사고가 난다고 말씀드렸습니다. 병은 수행이 안돼서 생기는 것입니다. '진정으로 자신을 사랑하는 자 수행을 하라.' 부처님 말씀입니다. 수행은 매일매일의 삶을 풀어내는 공부입니다. 스님들의 전유물이 아닙니다. 만약 여러분이 스스로를 위하고 인생을 사랑한다면 수행을 해야 합니다. 수행은 생활하고 동떨어져 있는 것이 아닙니다. 부족하니까, 모자라니까, 자꾸만 실패하고 실수하고 병나니까. 그래서 수행하는 겁니다.

## 【 수행·노력 부족하면 기회도 부족 】

실패해서 실의에 빠진 사람들에게 부처님은 또 말씀하셨습니다. 기회가 부족하다고 탓하지 말라, 수행이 부족함을 탓하라. 그렇습니다. 사람들은 기회가 오지 않는다고 합니다. 그러나 수행하지 않은 자에게, 노력하지 않는 사람에게 기회는 오지 않습니다. 아니, 보이지 않습니다. 자기보다 더욱 노력하는 사람이, 수행하는 사람이 눈이 열려 기회를 잡게 되는 것입니다. 공부하는 사람의 눈이 더욱 열려 있기 때문에 기회가 쉽게 포착되는 것입니다. 어느 노벨 경제학자는 말했습니다. "전 세계 CEO들을 만나 이야기 해 보면 참으로 놀라운 점을 발견하게 되는데, 이들은 모두 자신들의 성공이 운이 좋아서라고 한다." 참 특이한 일입니다. 이런 탁월한 인물들이 성공의 원인을 운에 돌리고 있으니 말입니다.

그런데 이들은 실제로 운이 좋았다고 믿고 있습니다. 왜 그럴까요. 부단한 노력의 결과입니다. 부단히 노력하니, 남들에게는 보이지 않는 기회가 포착된 것이고, 결국 그 기회를 잘 활용해 성공할 수 있었던 것입니다. 뛰어난 선수들이 하나같이 모두 연습벌레였다는 사실을 기억하시기 바랍니다. "Practice Make a Genius", 연습이 천재를 만듭니다. 열심히 하면 신나게 되고 잘하게 되고 대가가 되고 결국 부처가 됩니다. 연습이 천재를 만듭니다. 수행이 부처를 만듭니다.

그래서 우리는 자꾸 부처님 전에 나와야 합니다. 그래야 자신의 부족함을 알고 또 느끼게 되는 겁니다. 그리고 공부해야 합니다. 이렇게 해서 부처님과 나 사이의 거리를 자꾸만 좁혀가야 합니다. 부처님은 항상 그 곳에 계십니다. 그러니 내가 수행해서 부처님께 다가가야 합니다. 스스로 해야 합니다. 하늘도 스스로 돕는 자를 돕는다고 하지 않았습니까. 지성이면 감천입니다.

부처님이 말씀하셨습니다.

"어떤 사람은 신의 수호를 받고 부처님의 수호를 받는데 어떤 사람은 왜 그렇지 못한가. 내가 그 이유를 일러주리라. 몸과 마음을 다해 바르게 살고 법을 열심히 실천하고 수행하는 자. 그들은 흡사 만인의 왕과 같아서 만조백관이 그들을 돕는 것과 같을 것이요. 그릇된 마음과 생각을 가진 자, 그자는 범죄자와 같아서 주변 사람들이 다 도망가나니 누구의 도움을 받을 것인가."

중생의 마음속에는 부처와 마군이 빈번하게 함께 합니다. 평정심을 유지할 때는 부처의 마음이다가도 평정심을 잃으면 순간에 마군의 마음으로 변합니다. 이렇게 변화가 많기에 우리는 기도를 해야 합니다. 자꾸만 부처님과 나 사이의 거리를 좁혀가 보세요. 그러면 평정심을 잃지 않게 되고 성공하게 되고 행복하게 됩니다.

부처님은 사람을 만날 때 그를 부처로 대하라고 가르치셨습니다.『화엄경』「보현행원품」에 나오잖아요. 왜 사람들을 부처로 대하라고 했을까요. 우리의 삶이 지고(至高)의 삶으로 승화되기 때문입니다. 주변이 모두 부처가 되면 어떻게 되겠습니까. 일상의 만남이 지고의 아름다움으로 변모되지 않겠습니까.

우리는 매일 해탈을 향해 움직여야 합니다. 끊임없이 부처님을 향해 꿈틀대야 합니다. 몸과 마음을 다해 수행을 하면 계향(戒香), 정향(定香), 혜향(慧香), 혜탈향(解脫香), 혜탈지견향(解脫知見香)을 얻게 됩니다. 계를 잘 닦으면 몸에서 나오는 기운이 달라집니다. 올 한 해 정말로 부처님과 내가 가까워질 수 있도록 총력 다해 정진하시기 바랍니다.

서울 대성사 주지, 공군법사, 통도사 부산포교원 주지, 공창종합사회복지관 관장을 역임하였다. 현재 (사)한나래문화재단 이사장, (사)동련 이사장, (재)불심홍법원 이사, 국제불광회 한국부산협회 회장의 소임을 맡아 활발한 활동을 하고 있다. 스님은 문화를 통한 지역포교에 앞장선 공로를 인정받아 홍법대상, 대한불교조계종 포교원 제10회 포교대상 원력상, 불이상을 수상한 바 있다.

# 모든 것은
# 내가 짓고
# 내가 받는다

## 부산 홍법사 주지 심산 스님

법정 스님의 글 중에 이런 부분이 있습니다.

은사이신 효봉 스님께서 수행을 위해서 어느 암자에 들렀더니, 암자가 비어 있었습니다. 그런데 쌀독과 김칫독이 가득 채워져 있고, 땔감도 잘 패어져서 쌓여져 있더라는 겁니다.

덕분에 아무 걱정 없이 한 철 공부를 잘 마치고, 이제 암자를 떠날 때가 되었습니다. 그래서 스님은 마을에 내려가 탁발을 하셔서, 처음 암자에 왔을 때와 같이 쌀과 김치, 땔감을 마련해놓고 암자를 떠났습니다. 그리고 얼마간 시간이 흘러서 혹시 하는 마음에 다시 그 암자를 찾아보니, 세월이 흘렀는데도 여전히 채워지고 쌓여져 있는 것을 보았답니다.

요즘 같은 세상에는 꿈같은 얘기입니다만 얼마 전까지도 이렇게 말없는 언약이 지켜져 내려왔습니다. 저는 이 이야기가 떠오릅니다. '나는 지금 어디에 서 있는가. 쌀독에서 쌀을 먹고 있는 입장인가, 쌀을 가져다 채우는 입장인가.' '내가 어떻게 살아야 되고, 또 어떤 은혜 속에 살았고, 어떻게 은혜를 베풀고 살아야 되겠는가.' 하는 것을 많이 생각하게 됩니다. 오늘도 그런 의미에서 여러 분들과 함께 '어떻게 살아갈 것인가.'를 함께 생각해보기로 하겠습니다.

많은 가르침들이 있습니다만 저는 달마 대사의 '이입사행론(二入四行論)'에 대해서 아주 호감을 가지고 있습니다. 달마 대사의 이입사행론은 '이치를 근본으로 해서, 행으로 들어간다.'라는 가르침입니다. 이치라고 하는 것은 부처님께서 말씀하신 진리 자체인 것이지요. 부처님께서는 우리 중생들은 일체를 공(空)으로 보지 않고, 실체로 보는 데서부터 온갖 고통이 시작된다고 했습니다. 공으로 보면 어느 것도 고정되어져 있는 실체가 아니라, 흘러가고 있다는 것이죠. 흘러가고 있으므로 흐름에 따를 때 행복해지는 것이고, 흐름을 거역하고 실체로 받아들일 때 고통이 우리 앞에 나타나는 것입니다. 그러면 어떻게 이 공을 이해하고 우리 생활을 행복으로 이끌 것인가? 함께 살펴봅시다.

## 【 남 탓하지 말고 자신을 돌아보라 】

이입사행의 첫 번째는 보원행(報怨行)입니다. 보원행은 빚 갚는 수행입니다. 우리가 지금 살아가는 데 있어서 조금이라도 힘들고 고통스러운 것이 있다면, 과거 전생에 내가 지금 고통 받을 만한 원인을 지었기 때문입니다. 그러니까 그 원인에 대한 결과로서 지금 내가 고통을 받는 것입니다. 지금 고통이 있다면 과거에 지었던 원인에 대한 빚을 갚고 있다는 얘기죠.

제가 20여 년 전에 서초동의 대성사 주지를 했습니다. 하루는 법회를 마치고 내려가는데 노보살님이 저한테 하소연을 하시는 거예요. 하소연인즉, 보살님은 스물일곱에 혼자 되셨답니다. 혼자 되셔서 아들 둘을 키우려고 하니까 그 생이 얼마나 고달프고 힘들었겠어요. 그래도 자식들이 잘 커서 다들 결혼도 시키고, 힘들게 돈도 좀 모으셨대요. 그런데 그 모았던 돈을 바로 그 얼마 전에 떼였다는 거예요. 얼마인지 액수는 얘기하지 않았는데 혼자서 자식을 키우고 살아온 것만 해도 억울한데 그나마 모아 놓았던 돈마저 어떤 사람에게 떼이고 나니까 살고 싶은 생각이 없다는 겁니다.

"어떻게 해야 되겠습니까?" 그 보살님이 그렇게 말씀을 하실 때 무심결에 "아이고, 전생 빚 갚은 것이겠죠. 마음 편하게 가지십시오." 그렇게 말씀을 드렸습니다. 그러곤 그 다음 법회에 그 노보살님을 만났는데 얼굴이 그렇게 밝을 수가 없어요. 어쩌면 그렇게 달라질 수가 있을까요?

그 노보살님은 "내가 스님 이야길 듣고 이것으로서 전생 빚을 싹 갚았다고 생각하니까 진짜 감사하는 마음이 생기고, 다시는 빚을 지지 말아야겠다는 생각이 들어서 이렇게 부처님 앞에 와서 서게 되었습니다."라는 것입니다. 얼떨결에 한 얘기였는데 그분에게는 엄청난 힘이 되었어요.

모든 것은 과거에 내가 지은 업을 씻는 일입니다. 이렇게 보면 남 원망할 일 하나도 없지요. 다 과거의 내 일이예요. 모든 것은 내가 짓고 내가 받는다는 것이 불교입니다. 그러니까 과거 전생의 내가 뭔가 잘못을 했기 때문에 현재 힘든 것이라고 한다면, 남 원망할 일이 하나도 없습니다. 그렇기 때문에 남 탓하지 말고 돌이켜보려면 자기 자신을 철저하게 돌아봐야 됩니다.

## 【 실체가 있는 것이 아니다, 인연을 따르라 】

두 번째, 수연행(隨緣行)이라고 하는 것입니다. 수연행이라고 하는 것은 인연을 따르라고 하는 말입니다. 우리 앞에 나타나는 모든 일은 그것이 고통이 됐든 즐거움이 됐든 어떤 원인에 의해서 나타나게 됩니다. 그런데 우리 앞에 나타났던 그 고통과 즐거움이라고 하는 것이 또 언젠가는 사라지게 돼 있는데, 사라진다고 하는 것은 인연이 다 됐기 때문에 사라진다는 것이죠.

고통이 올 때도 고통의 원인이 있어서 왔다면, 고통의 원인이 다하면 스스로 고통이 사라져버립니다. 기쁨이 내게 왔다고 해서 영원히 머무르는 것이 아니라 기쁨의 원인이 다해 버리고 나면 이 기쁨도 머물지 않고 가 버린다는 말입니다. 고통이 온다고 하더라도 고통에 떨어져서 허덕일 일이 아니라, 이 고통의 원인을 찾아보고 얼마만한 고통이 되겠구나라고 생각해보는 것입니다.

그러면 그 고통을 받아들이게 되고 그 고통을 받아들여서 그것이 다 됐다고 생각한다면 스스로 가버리게 된다는 것도 알게 됩니다. 이것이 공(空)이라는 것입니다. 고통이라 하는 것도 실체가 있는 것이 아니라는 것이지요. 인연의 조화에 의해서 개념으로 우리에게 다가온 것입니다. 그러니까 고통스럽다고 좌절할 일도 아니고 기쁘다고 자만할 일도 아니고 여여(如如)하게 살라는 것입니다. 이것이 수연행이라고 하는 수행입니다.

## 【 구하는 만큼 노력하라 】

세 번째는 무소구행(無所求行), 구하는 바가 없는 수행입니다. 여러분이 지금 원하는 것이 무엇입니까? 뭔지는 모르지만 원하는 바가 있으면 원하는 만큼 괴로움이 있다. 이것이 무소구행입니다. 내가 바라는 것이 있을 때 분명히 거기에는 그만큼의 대가가 치러진다는 것을 내가 분명히 안다면 세상을 바라 볼 때 훨씬 더 합리적이 되는 것이죠.

'천석꾼은 천 가지 걱정이 있고, 만석꾼은 만 가지 걱정이 있다.'는 말이 있습니다. 그런데 가지고 있으려면 가지고 있을 만한 노력을 해야 되는데, 노력도 안 하고 가지고 있으려고 하는 것은 도둑

심보입니다. 우리 안에 있는 고통들은 어찌 보면 내가 그만큼 욕심을 부리고 있기 때문입니다. 원하는 만큼 당연히 그만큼의 대가를 치르겠다는 마음으로 살면 고통이 있을 수 없습니다.

## 【 진리대로 살아라, 법대로 살아라 】

마지막으로 네 번째 칭법행(稱法行)이라고 하는 수행행입니다. 칭법행이라고 하는 것은 법, 진리에 합당한 수행이라고 얘기할 수 있어요. 그러니까 '법대로 살아라.', '진리대로 살아라.', 그런 얘기입니다. 이 말은 다시 '지혜롭게 살라.'는 얘기입니다. 지식을 넘어서 지혜의 힘을 길러야 된다는 것입니다.

모든 존재는 다 공한 것이고 실체가 없는 것입니다. 내가 '밉다, 곱다.'라고 하는 그 마음조차도 과거의 인연과 추억의 산물로 나온 하나의 생각 개념일 뿐입니다. 진정으로 내가 진리와 계합해서 하나가 된다고 하는 것은 그런 감정의 노예가 되어서는 안 된다는 것입니다.

평생 용서가 안 될 사람이 있다고 하더라도 오늘 다 용서해야 됩니다. 왜요? 도저히 용서 안 된다고 하는 그 마음조차도 실체가 아니라는 거예요. 과거의 기억으로 만들어낸 하나의 생각일 뿐이라는 것이죠. 오늘 내가 이 사람 아니면 죽고 못 산다 하는 것도 진짜가 아닙니다. 그렇게 진정으로 굳은 개념이 있다고 하더라도 설령 그 개념의 노예가 되어서는 안 됩니다. 그것조차도 내 인지 능력이 만들어낸 하나의 생각 개념일 뿐이라는 겁니다. 그래서 이것에도 끌리지 않고 저

것에도 끌리지 않고, 이것도 저것도 다 뛰어넘어서 모든 것을 공(空)으로 보고 집착하지 않는 그 마음을 내가 완전하게 받아들일 때, 그것이 곧 진리와 하나 되는 삶을 사는 것입니다.

부처님께서 우리 중생들에게 보여주신 길이 두 가지입니다. 하나는 지혜의 길이고, 하나는 자비의 길입니다. 진정으로 우리가 얻어야 될 것이 있다면 지혜를 얻는 일이요, 나누어야 할 것이 있다면 자비한 마음입니다. 그래서 모든 중생들과 더불어 행복할 수 있다는 것이 부처님께서 저희에게 주신 가장 소중한 가르침이라는 말씀으로 오늘 얘기를 접겠습니다. 성불하십시오.

●

헝가리에서 태어나 20대 초반인 1991년 숭산 스님을 만났다. 1993년 미국으로 건너가 프로비던스 선원의 겨울 결제에 참가, 큰 가르침을 얻어 이듬해 28세의 나이로 출가했다. 이후 한국의 화계사, 해인사에서 수행했으며, 계룡산 신원사에서 숭산 스님의 지도 아래 세 번의 동안거에 들었다. 1999년 지도법사 인가를 받고, 2000년 고국으로 돌아가 헝가리 관음선원 주지를 맡았으며, 부다페스트에 선원을 세워 대중을 지도하며 수행했다. 이후 유럽 각국에 불교와 선수행법을 알리고 있다. 현재 헝가리에 유럽 최초의 한국식 사찰 '원광사'를 짓고 있다.

# 윤회하는 우리는
# 지구의
# 순례자

## 헝가리 원광사 주지 청안 스님

육조 혜능 스님과 관련된 오래된 일화가 있습니다. 남종선의 시대를 연 육조 스님은 한때 죽임의 위협을 받은 일이 있었습니다. 스승인 홍인 스님으로부터 상수제자였던 신수 스님을 뒤로 하고 부처님으로부터 역대 조사에게 전해지던 의발(衣鉢)을 전수 받은 것입니다. 함께 수행했던 스님들 또한 이 가사와 발우를 원하고 있었기에 멀리 도망을 치지 않으면 안 될 지경이었습니다.

그러나 의발에 대한 탐욕으로 이글거리던 한 스님은 끝까지 육조 스님을 쫓아왔습니다. 육조 스님은 마침내 역대 조사로부터 대대로 이어지던 가사와 발우를 없애버렸습니다. 부처님으로부터 역대 조사로 이어지던 그 의발이 영원히 사라지게 된 것입니다.

그런데 이 일화가 주는 상징적인 의미가 참 깊습니다. 여러분, 선(禪)은 어디에 있습니까. 부처님의 마음은 또 어디에 있을까요. 주장자에도 의발에도 있는 것이 아닙니다.

## 【 선은 걸림 없이 사물 보는 눈 】

부처님으로부터 육조 스님까지는 단 하나의 맥만이 존재했습니다. 그러나 육조 스님 이후로 선에는 34개의 분파가 생겼습니다. 선은 이후로 34개의 분파를 넘어 중국에서 한국과 일본으로 전해졌으며 이제는 전 세계로 널리 확장되고 있습니다. 수많은 나라에 선이 전해지고 선을 공부하는 서구인들도 기하급수적으로 늘고 있습니다. 이런 일이 어떻게 가능했을까요. 육조 스님의 노력 때문입니다. 육조 스님이 의발을 없애버린 이후로 선의 정수들은 문화와 언어, 피부색에 구애받지 않고 널리 퍼지게 됐습니다.

선은 어디에서나 가르침을 전할 수 있습니다. 동서남북 어디서나 가능합니다. 피부색과 언어, 아니 그 무엇도 선을 배우거나 가르치는 것에 장애가 될 수 없습니다. 이런 전통은 굉장히 소중한 것입니다. 선은 걸림이 없이 사물을, 진리를 있는 그대로 볼 수 있게 해주기 때문입니다.

사람들이 흔히 착각하는 것 가운데 하나가 인간이 지구 전체를 소유하고 있다는 망상입니다.

그러나 진실은 무엇입니까. 부처님의 말씀에 따르면 우리는 단지 지구에 초대된 이방인입니다. 우리는 순례 과정을 겪고 있는 방문자일 뿐입니다. 태어날 때 순례가 시작됐고 죽으면서 순례는 끝이 납니다. 이것이 바로 거짓 없는 진실입니다. 우리는 윤회를 하며 세세생생(世世生生) 순례를 하고 있습니다.

부처님은 생로병사(生老病死)의 사고(四苦)를 말씀하셨습니다. 우리는 태어나고 성장하고 병들고 늙어 죽게 됩니다. 그런데 대부분의 사람들은 이런 상황을 인정할 준비가 돼 있지 않습니다. 아니, 오히려 대부분의 사람들은 착각을 합니다. 다른 사람은 늙고 죽지만 나는 아니라고 말입니다. 다른 사람들은 무상한 존재이며 지구의 순례자에 불과하지만 나는, 그리고 내가 가진 것은 영원하며 지구의 주인이라고 생각합니다. 그러나 진리에, 불법에 어떤 예외도 있을 수 없습니다. 누구나 죽게 됩니다. 그리고 언젠가는 지구를 떠나게 됩니다.

그러면 순례를 잘 하기 위해서는 무엇이 필요할까요. 먼저 우리는 궁전에서 태어났다는 사실을 인식해야 합니다. 부처님이 궁전에서 태어났듯이 말입니다. 지금의 궁전은 과거의 업의 결과로 생겨난 것입니다. 이런 사실을 잘 음미해야 합니다. 그래야 부처님이 왕궁을 떠나 수행을 통해 깨달음을 얻었듯이 우리도 결국은 궁전을 떠나 깨달음을 얻어야 한다는 사실을 받아들이게 됩니다.

그러면 사람들은 묻겠지요. 만약 내가 궁전을 떠나면 내 남편은, 부인은, 가족은 어떻게 할 것인가. 이들에게 닥칠 일들로 걱정이 밀려들 것입니다.

제가 여기서 말하는 출가는 집을 떠나라는 말이 아닙니다. 몸으로 출가를 하라는 말도 아닙니다. 마음으로 출가하라는 뜻입니다. 마음속 궁전에서 떠나 버려야 합니다. 지금까지 지어왔던 업을 완전히 벗어버려야 합니다. 현재에 대한 여러 가지 생각들도 버리고 미래에 대한 우려와 걱정, 환상도 버려야 합니다. 다만 이 순간 우리가 어떻게 깨어있을 수 있는지 알아야 하며, 어떻게 서로를 도울 수 있을지를 생각해야 합니다. 존재의 본질을 알게 되면 우리의 실체를 바꿀 수 있습니다. 삼라만상(森羅萬象)이 무상하고 상호연관성을 갖고 있으며 나라는 어떤 객체도 존재하는 것이 아님을 알아야 합니다.

그러기 위해서는 스스로에게 '나는 누구인가'를 끊임없이 묻는 '시심마(是甚麼)'의 화두가 중요합니다. 이것은 우리가 기억하고 인식해야 하는 교리가 아니라, 실제 탐험을 할 때 반드시 있어야 할 도구입니다.

우리는 수백 년 동안 간화선의 전통을 이어오고 있습니다. 우리에게는 소중한 자신입니다. 간화선은 명료합니다. 그리고 스스로 체험할 수 있습니다. 간화선을 통해 우리의 내면으로 들어가면 알게 됩니다. 우리는 반복적인 기억이나 동일시, 또는 집착을 나로 착각하고 있습니다. 나를 아름다운 궁전으로 느낍니다. 그래서 사랑하고 아끼고 보호해야 된다고 집착합니다. 그러나 부처님과 역대 조사 스님들은 이를 다 버려야 한다고 말씀하셨습니다.

## 【 화두는 교리 아닌 탐험의 도구 】

버리라는 말이 단순히 집을 나가 출가해야 된다는 말은 아닙니다. 마음에서 나라는 것을 버려야 한다는 뜻입니다. 마음에는 나라는 집착이 타고 있습니다. 탐진치(貪嗔痴)의 불길이 바로 그것입니다. 이 불길을 소멸시키기 위해 수행을 해야 합니다. 수행을 통해 나라는 아상(我相)을 넘어서면 반야심경(般若心經)에서 말한 적멸의 경지를 알게 됩니다.

적멸은 단순히 경전상의 이야기는 아닙니다. 역대 조사를 비롯해 실제 그 경지에 도달한 분들의 경험에서 나온 것입니다. 그러나 서양 사람들은 적멸을 두려워합니다. 데카르트는 "나는 생각한다. 고로 존재한다."고 말했습니다. 그런데 생각이 사라지면, 아상이 소멸되는 상태가 되면 어떻게 될까요. 아마 서양인들은 내가 존재하지 않는다고 생각하게 될 것입니다. 이것은 죽음을 뜻합니다. 그러나 우리는 어떻습니까. 우리는 이것이 사실이 아님을 잘 알고 있습니다.

마음이 허공처럼 텅 비고 거울처럼 맑은 상태가 되면, 이를 우리는 '오직 모를 뿐'이라고 말합니다. '오직 모를 뿐' 하는 마음은 생멸하지 않고 생사에 걸리지도 않습니다. 그리고 이러한 생각 이전의 단계는 세상과 나, 그리고 우리를 있는 그대로 보여줍니다. 맑은 거울을 통해 실상을 보고 인과를 볼 수 있게 되는 것입니다.

우리가 있는 세계에서 일어나는 고통, 우리 삶에서 벌어지는 번뇌는 어리석음으로 인한 것입니다. 우리는 지구에 초청된 손님입니다. 순례자입니다. 그러면 우리는 어디로 가야 할까요? 수백 수천 번의 윤회를 통해 순례를 반복하고 있는 이때 우리가 가야 할 방향은 어디입니까. 무수한 생을 몸을 바꿔 태어나는 것은 생각만 해도 피곤한 일입니다.

우리는 마음이 태아와 연결되는 순간 중생이라는 존재로 태어납니다. 그러나 동시에 부처가 될 수 있는 불성 또한 같이 태어나게 되는 것이지요. 부처님께서 말씀하시기를 모든 존재는 불성을 가지고 있다고 하셨습니다. 여기에 어떤 예외도 있을 수 없습니다. 이런 까닭에 부처님이 증득하신 것을 우리 또한 증득할 수 있는 것입니다. 그렇다면 지구를 순례하는 동안 우리가 어떻게 살아야 할지, 그리고 어떤 방향으로 순례를 계속해야 하는지는 명확해집니다. 부처님이 가르쳐 주신 길을 따라 걸어야 합니다. 착각에서 벗어나서 참된 진리를 바로 봐야 합니다.

자, 세상을 한번 둘러보십시오. 우리가 원하는 결과들입니까? 살아갈수록 무언가 잘못됐다는 생각이 들지 않습니까? 우리는 불

성을 제대로 사용하지 못하고 있습니다. 부처님의 가르침은 명료
합니다. 시선을 우리의 내부로 돌려봅시다. 우리가 어떤 존재인지
우선 깨달아야 합니다. 명료하고 명징한 체험이 있어야만 세상을,
그리고 이 지구를 도울 수 있기 때문입니다.

청도 운문사에서 성관 스님을 은사로 득도, 동학사 불교전문강원과 동국대 불교대학 및 동 대학원에서 화엄연구로 철학박사 학위를 받았다. 현재 동국대 불교학부 교수 및 수미정사 주지 소임을 맡고 있다. 저서로는 『화엄의 세계』, 『의상화엄사상사연구』, 『불교교리 강좌』 등 다수가 있다.

# 여성 선지식의
# 특징은 지혜 구족한
# 자비 원력

동국대 불교학부 교수 해주 스님

오늘은『화엄경』의 여성 선지식을 통해 선지식의 가르침을 새겨보도록 하겠습니다.『화엄경』은 일승경전입니다. 일승 화엄을 통하면 출가, 재가, 또는 남녀노소 누구나 선지식이 될 수 있습니다.

『화엄경』에서 선재동자가 법을 구하기 위해 찾아간 선지식을 53선지식이라고 합니다. 그러나 정확히는 54분입니다. 한 장소에서 두 분을 함께 만났기 때문입니다. 이들 중에서 여성 선지식은 21분입니다.

선지식(善知識)의 선(善)은 좋을 선, 착할 선, 훌륭할 선입니다. 중생들에게 수행의 모범을 보이고 또한 진리의 세계로 인도하는 분이라고 할 수 있습니다. 선재동자와 선지식의 만남을 담은 것이 『화엄경』의 「입법계품」입니다. 다른 이름으로 「입부사의해탈경계보현행원품」이라고도 하는데 줄여서 「보현행원품」이라고도 합니다. 따라서 품명으로 보자면 선지식은 부사의 법계에 계시면서 모든 이들이 법계에 들 수 있도록 가르침을 주시는 분. 이렇게 설명할 수 있겠습니다. 그러면 법계에 들어갈 수 있는 방편이 무엇일까요. 보현행원입니다. 보현보살의 10중대원을 실천하는 것입니다.

선재동자가 구법을 하면서 선지식을 여러 가지 비유를 들어 찬탄합니다. 첫 번째로 선지식은 일체지에 나아가는 문과 같다. 나로 하여금 진실한 도에 들게 하는 까닭이다. 이렇게 말합니다. 의상 스님은 진실이 선지식이라고 했습니다. 다음은 선지식은 일체지에 이르게 하는 수레다. 나로 하여금 여래지에 이르게 하는 까닭이다. 이런 표현도 했습니다. 또 선지식은 횃불 같고 호수와 같다. 선지식은 일체지에 나아가게 하여 열반을 얻고 대자대비의 공덕을 이루게 해주시는 분이기 때문이다. 이렇게도 찬탄하고 있습니다.

문수보살은 보살도를 묻는 선재동자에게 선지식을 찾아 보살도를 물으라고 대답하는데 이런 까닭으로 선지식은 보살도를 보여주시고 수행하고 실천하도록 도와주시는 분이라고 할 수 있습니다. 또 만나는 선지식마다 각각 성취하신 해탈법문을 일러주신 까닭에 선지식은 해탈문을 열어 우리를 해탈케 하시는 분이다. 이렇게도 말씀드릴 수 있겠습니다.

　그러면 21명의 여성 선지식은 어떤 특징을 가지고 있을까요. 일반적으로 여성 선지식의 특징은 자비와 인욕, 공경입니다. 그 중에서 자비원력이 가장 큰 특징이라고 할 수 있습니다. 물론 자비가 여성 선지식만의 특징이 아닌 줄을 잘 알고 있습니다. 대자대비하면 관세음보살입니다. 부처님의 많은 모습 중에 특별히 대자대비의 모습은 관세음보살로 화현해서 우리에게 자비를 내려 주시고 있습니다.

　자비에는 네 가지 종류가 있습니다. 아마도 처음 들으셨을 텐데 제가 특징에 이름을 붙여봤습니다. 첫 번째는 애습방편자비(愛習方便慈悲)입니다. 애습이 남아 있는 방편을 쓰는 자비라는 말인데 탐욕과 애욕을 방편으로 쓰는 선지식입니다. 여기에 대표적인 선지식이 바수밀다녀입니다. 바수밀다녀는 유녀(遊女)라고 표현되는데 지금으로 치면 창녀입니다. 경전에서 선재동자가 바수밀다녀를 찾아가는데 사람들이 가르쳐주지 않습니다. 지혜롭고 잘 생겨 창녀를 찾을 사람으로 보이지 않았기 때문입니다. 그러나 바수밀다녀는 그냥 창녀가 아니라 선지식입니다.

　이탐욕제(離貪欲際), 해탈문을 얻었는데 탐욕을 모두 여의었다는 뜻입니다. 비록 창녀지만 본인에게는 애욕이 남아 있지 않습니다. 그러니까 탐욕과 애욕에 빠져 허우적거리는 중생을 제도하기 위한 선지식입니다. 손잡고 싶으면 손잡고 안고 싶으면 안게 해주는, 그러나 한번 그렇게 하고 나면 다시는 그런 생각이 들지 않게 해주는 선지식입니다. 스스로 진흙 속에서 뒹굴면서 중생을 건져주는 분입니다.

## 【 법계에 들어가는 방편이 보현행원 】

다음은 무염청정자비(無染淸淨慈悲)입니다. 물듦이 없는 청정한 자비라는 뜻입니다. 비록 세간에 들어가 중생을 제도하지만 염착심이 없어서 세상에 물들지 않는 자비입니다. 대표적 인물이 사자빈신 비구니입니다. 사자빈신 비구니는 일체지를 성취하신 선지식입니다. 수나국에 승광왕이 사자빈신 비구니에게 햇빛동산이라는 뜻의 일광원 동산을 보시하는데 여기에 항상 계시면서 찾아오는 사람들을 발심케 하시는 분입니다.

동산이지만 왕이 보시한 까닭에 크고 장엄합니다. 동산 곳곳이 보배나무로 장엄돼 있고 보배나무 아래마다 사자좌가 있어서 그 근기에 맞게 설법을 해주십니다. 세주와 천룡팔부, 화엄성중까지 이분에게 법문을 듣습니다. 모습은 연꽃과 같이 청정해 몸매가 단엄하고 위의가 고요하며 마음에 때가 없어 큰 코끼리와 같았다고 합니다. 또 세상에 물들지 않고 연꽃과 같아 마음에 두려움이 없는 사자와 같고, 청정한 계율을 잘 지켜 흔들림이 없는 까닭으로 수미산과 같다고도 표현되고 있습니다. 이런 능력으로 중생의 번뇌와 괴로움을 제거하고 선근을 길러주는 선지식입니다.

그런데 어떻게 세상에 있으면서 세상에 물들지 않는 무염청정자비를 행할 수 있을까요. 모든 세간법이 출세간법과 다르지 않습니다. 생사의 흐름이 또한 부처님의 지혜와 하나인 줄 알아야 합니다. 바수밀다녀나 사자빈신 비구니도 다 같은 선지식입니다. 다만 찾아오는 중생이 다를 뿐입니다. 한쪽은 애욕이 물든 사람들이 오고, 한쪽은

발심한 사람들이 옵니다. 그래서 그에 따라 방편을 쓰는 것입니다.

세 번째가 비지원만자비(悲智圓滿慈悲)입니다. 자비와 지혜를 함께 말할 때는 비지(悲智), 이렇게 표현하고 자비와 지혜와 원력을 함께 말할 때는 비지원(悲智願) 삼심(三心)이라고 말합니다. 모든 보살은 비지원 삼심을 가지고 베풀어 주시는 분입니다. 자비와 지혜가 원만해서 원력으로 자비행을 하는 것입니다. 그래서 지혜에 의한 자비의 체성을 여성에 비유한 것입니다. 이런 방편을 쓰시는 특별한 선지식 한 분을 소개하면 바로 마야부인입니다. 이분은 보살의 큰 원과 지혜가 환과 같은 줄 아는 해탈문을 얻었습니다. 중생은 환과 같습니다. 그래서 여환중생(如幻衆生)입니다. 무상하기 때문이지요.

마야부인은 연꽃 자리에 앉아서 중생들이 원하고 즐거워하는 마음 따라 한량없이 육신을 드러냅니다. 마야부인은 잘 알다시피 부처님의 어머님입니다. 그러면 마야부인이 어떻게 불모가 됐을까요. 옛날 대위덕 전륜성왕이 만원광명도량을 지었는데 당시에 도량을 맡은 자덕(慈德)이라는 신이 있었습니다. 자덕이라는 신은 전륜성왕을 아들처럼 생각했는데 하루는 부처님께 발원을 하게 됩니다.

대위덕 전륜성왕이 다시 태어날 때마다 그리고 부처를 이룰 때 항상 그의 어머니가 되겠다는 발원입니다. 그래서 마야부인은 부처님의 어머니가 된 것입니다. 화엄에서 수행을 할 때 10지(十地)가 보살 수행의 총괄적인 등위입니다. 10지를 지나 11지에 오르면 깨달음을 얻게 되는데 마야부인이 자비로 지혜를 일으켜 모든 행을 환생(幻生)해서 부처를 성취하도록 하기에 불모라고 하는 것입니다.

## 【 청정한 신심으로 선근부터 심자 】

마지막으로 여환자재자비(如幻自在慈悲)입니다. 환과 같은 자비, 환과 같이 자재한 자비. 그러니까 앞의 세 가지 자비가 다 여환자비입니다. 일체가 다 환과 같이 머무는 줄 아는 여환자비로 생사 중에 자재한 자비입니다. 이러한 자비로 모든 보살이 부처를 이루고 중생을 이롭게 하는 무진장한 자비가 나오게 되는 것입니다.

일연 스님이 쓴『삼국유사』에 보면 백월산 남쪽과 북쪽에서 수행하시던 노힐부득과 달달박박의 이야기가 나옵니다. 노힐부득은 미륵 부처님을 원불로 삼아 공부하고 달달박박은 아미타불을 원불로 삼아 수행을 했습니다. 두 수행자의 공부가 거의 익어갈 무렵 관세음보살이 공부를 돕기 위해 아리따운 여인의 몸으로 환해서 달달박박의 처소를 찾습니다. 그리고 하룻밤 잠을 재워주기를 청합니다. 그러나 박박은 여인을 수행자의 처소에 들일 수 없다며 거절합니다. 결국 관세음보살이 현신한 여인은 노힐부득의 집으로 가서 하룻밤 묵기를 청합니다.

날이 어두워짐을 알고 자비심을 낸 노힐부득은 여인을 암자에 머물게 합니다. 그런데 여인은 해산을 해야겠다며 목욕물을 청하고 부득이 목욕물을 데워 주자 여인의 목욕물이 금빛으로 변하며 향기가 나게 됩니다. 그리고 관세음보살의 모습으로 돌아온 여인의 말에 따라 물에 목욕을 한 부득 또한 금빛으로 빛나며 성불을 하게 됩니다. 한편 부득이 여인으로 인해 파계를 했을 것으로 생각하고 비웃음을 머금은 채 부득의 암자를 찾은 박박은 이 놀라운 광경을 보게 됩니다. 그리고 부득의 말에 따라 금물에 목욕을 하고 성불을 하게 됩니다. 일연 스님은 신라 때의 이 내용을 기록하며 여기에 등장하는 관세음보살이 바로 『화엄경』의 마야부인 선지식과 같다는 내용을 기록하고 있습니다.

오늘 여성 선지식에 대해 말했습니다. 물론 이것 또한 환입니다. 때에 따라 여자로 남자로 나타나기도 하는 것입니다. 그럼에도 여성의 몸일 때는 여성의 특징적인 장점을 가지고 나타나는데 대표적인 장점이 자비입니다.

우리 모두 이런 선지식의 가르침을 따라 청정한 신심으로 선근을 심고 심은 선근으로 신심을 더 원만하게 해 보리심을 일으켜 초발심시변정각하시기를 간절히 기원합니다.

1970년 용인 화운사로 출가했다. 동국대학교 승가학과(현 선학과)와 운문사 승가대학 대교과를 졸업하고 대만 중화불학연구소에서 중국불교 연구, 일본 경도불교대학 대학원에서 '불교와 교육', '불교와 여성'에 관하여 공부했다. 운문사 승가대학 학감으로 오랫동안 승가교육에 매진했으며 현재는 운문사 주지로 있다.

# 부처라고 믿고 내딛으면
# 그 걸음이 바로
# 부처의 걸음

## 운문사 주지 일진 스님

우리는 고향으로부터 얼마나 떨어져서 살고 있습니까? 집처럼 편안한 고향에 잘 계십니까? 아니면 나그네입니까?

우리는 사실 본래 부처인데 중생의 삶을 살고 있습니다. 본래 고향에서 멀리 떠나와 나그네처럼 살고 있습니다. 아무리 당신은 나그네가 아니고 불성을 지닌 부처요, 주인이라고 해도 나는 나그네라는 생각을 지우지 못합니다.

나그네! 그런데 기왕 나그네가 되려면 멋있는 나그네가 되어보면 어떨까 합니다. 집착이 없는 나그네는 멋진 나그네입니다. 어른 스님들께서 이르시길 대중생활은 나그네처럼 해야 한다고 이르셨습니다. 100년을 살아도 나그네처럼 살고, 하룻밤을 살아도 주인처럼 살라고 하십니다.

## 【 네가 바로 부처다 】

우리가 불교를 믿는다고 하는데 그냥 믿을 수는 없습니다. 믿으려면 알아야 하는 것이고, 그래야 믿음이 더 철저해집니다. 철두철미하게 알게 되면 실천하지 않을 수 없습니다. 경전에 보면 비유의 설법이 많이 나옵니다. 부처님께서는 '어떻게 하면 최상승의 법을 알게 하고 믿게 할까' 고민하시고, 각자의 근기에 따라 적절한 비유를 통해 깨닫게 하십니다.

『법화경』「신해품」에 보면 궁자(窮子)의 비유가 나옵니다. 어렸을 때 아버지를 버리고 집을 나간 아들이 거지로 떠돌다가 우연히 아버지 집에 오게 됩니다. 집 나간 아들을 노심초사 기다리던 장자는 아들을 금방 알아봤지만 아들은 아버지인 줄 몰랐습니다.

장자가 함께 살자고 하니 놀라서 도망을 갑니다. 사람을 급히 보내어 데려 오게 하여 거지 형색을 한 아들에게 거친 일부터 시킵니다. 그러면서 자신도 아들처럼 남루한 옷을 입고 접근해 이야기를 나눕니다.

그리고 그 다음은 집안일을 하게 하고, 집안에 들어오는 것조차 두려워하던 아들에게 마침내는 보물창고의 일을 담당하게 합니다. 그러나 아들은 여전히 자신은 고용인이요, 나그네라는 생각을 합니다. 죽음에 임박한 장자는 모든 사람들을 불러놓고 "저 아이는 나의 아들이며 모든 재산을 아들에게 상속한다."고 선언합니다.

이 비유의 말씀은 부처님께서 우리들에게 "네가 바로 부처다."라고 말씀해도 바로 믿지 않기에, 여러 가지 방편으로 이끄시는 것과 마찬가지입니다. 장자인 아버지는 궁자인 아들과 비슷한 옷차림과 내용으로 근기를 낮추어, 요즈음 표현으로 말하면 눈높이 교육을 하신 것입니다.

부처님께서도 처음부터 부처님의 경지를 바로 말씀하시면 바로 알아듣지 못하니, '회삼승(會三乘) 귀일승(歸一乘)', 즉 성문승(聲聞乘)·연각승(緣覺乘)·보살승(菩薩乘)을 말씀하시면서 이 모두가 일불승(一佛乘)임을 가르치십니다.

『화엄경』「여래출현품」에 "모든 중생은 모두 여래와 같은 성품이 있다."고 하셨습니다. 부처님이 출현하신 이유도 여기에 있습니다. 중생이 없다면 부처님이 계실 이유가 없습니다. 중생이 있기에 부처님이 있습니다. 중생이 없으면 부처님도 의미가 없습니다.

## 【 중생이라는 그 생각을 떨쳐버려라 】

사실 우리는 괜한 분별과 집착으로 중생심을 일으킵니다. 그다지 바쁠 일도 없는데 바쁘고, 좋아할 일도 아닌데 좋아하고, 근심할 일도 아닌데 미리 걱정하고, 없는 것을 있다고 생각하며 집착하고, 늘 자신은 떠돌이 나그네일 뿐이라는 생각을 놓지 못합니다. "생사가 둘이 아니고, 내가 부처"라고 이해하면서도 나는 중생이라는 생각을 떨쳐버리지 못합니다. 그런데 부처라고 믿고 한 걸음 내딛으면 그 걸음이 바로 부처의 걸음입니다.

관심이 없었어도 장자의 재산이 저절로 궁자에게로 왔듯이, 불성 씨앗은 본래 나에게 있는 것입니다. 일체중생실유불성(一切衆生悉有佛性), 모든 중생은 다 부처님의 성품을 본래 지니고 있습니다. 모든 과일에 열매가 갈무리되어 있는 것처럼 여성이든 남성이든, 미물이든 사람이든 태어나기 이전부터 부처의 씨앗이 갈무리되어 있는 것입니다.

천태지의(538~587) 대사의 천태오시교(天台五時敎)를 통해 보면『법화경』「신해품」의 '궁자의 비유'가 좀더 명확해질 것입니다.

1. 궁자경악화엄시(窮子驚愕華嚴時) : 부처님께서『화엄경』을 설하신 시기로 모든 중생이 본래 부처의 성품을 가지고 있기에 "너 자체가 본래 부처다."라고 말해도 아무도 믿지 않습니다. 궁자에게 "네가 내 아들이다."라고 해도 믿지 않고 공포스러워 하며 도망가는 것과 같은 것입니다.

2. 제분정가아함시(除糞定價阿含時) : 장자는 아들에게 똥 치우고 거름을 치우는 머슴살이를 시키고 일한 만큼 세경을 줍니다. 선인선과(善因善果) 악인악과(惡因惡果), 인과법을 설하시는 아함시와 비교

해볼 수 있습니다.

3. 출입자재방등시(出入自在方等時) : 일이 어느 정도 익숙해지자 집 안팎을 왔다갔다 합니다. 주로『유마경』,『승만경』,『능가경』,『무량수경』 등 대승경전이지만 유(有)의 개념을 주로 설하시던 시기입니다.

4. 영지보물반야시(令知寶物般若時) : 이제는 자유로워지자 보물창고의 열쇠까지 맡기게 됩니다. 공(空)의 도리, 즉 반야부 계통의 법을 설하시는 시기입니다.

5. 전부가업법화시(全付家業法華時) : "네가 바로 내 아들이다. 나의 가업을 전부 너에게 승계하노라." 장자인 아버지는 모든 재산을 궁자인 아들에게 상속시킵니다. 모든 것이 본래 너의 것이니 모두 가지라는 것입니다. "네가 바로 부처이니라." 부처님의 마지막 부촉 과정,『법화경』을 설한 것이 이때입니다.

이와 같이 부처님은 우리 모두가 넉넉한 부처임을 일깨우기 위해 중생의 근기 따라 차근차근 서두르지 않고 깨우침을 주셨습니다. 본래 부처의 자리, 본래 고향 그 자리에서 살면 행복하다는 것이『법화경』에서 부처님이 설하신 내용입니다.

## 【 지금 이 순간 무슨 꽃을 얼마나 피우고 있는가 】

모두들 바쁘고 어렵다고들 하는데 그 이유는 무엇일까요. 모두가 어렵다고들 하지만 산중에서 살다보면 보는 것이 산이고, 구름이고, 하늘이고, 나무이고, 꽃이다 보니 세상이 얼마나 어려운지 모릅니다. 이렇게 세상에 나와 보면 나만 편안하게 사는 것이 아닌가 싶어 늘 미안한 생각에, 무슨 소원이든 일일이 들어드리고 싶은 마음마저 듭니다.

얼마 전 일원역에서 서울역까지 지하철을 탔습니다. 산중에서만 살다가 서울에 오면 지하철 타는 것도 쉽지 않습니다. 그런데 우연히 친절한 보살님 한 분을 만난 덕분에 서울역까지 무사히 갈 수 있었습니다. 그냥 지나칠 수도 있었을 텐데 보살님께서는 1,100원 하는 교통비를 대신 내주시고, 지하철 갈아타는 방법까지 소상히 안내를 해주셨습니다. 친절이 얼마나 아름답습니까. 마음이 없으면 친절하기 어렵습니다. 바쁘다, 모른다는 이유로 얼마나 많은 것들을 외면하고 피하며 살아왔는지 되돌아보아야 할 것입니다.

우리는 지금 무슨 인연으로 이 장소, 이 법회에 나와 이렇게『법화경』말씀을 함께 공부하고 있을까요. 발심한 수행자는 하루가 바뀔 때마다, 계절이 바뀔 때마다 무슨 꽃을 얼마만큼 피웠는지 살펴보게 됩니다. 본래 고향, 그 자리에서 내 마음의 꽃, 법의 꽃을 얼마나 잘 피우고 있는지 늘 생각해보시기 바랍니다.

# 사랑할 시간은 그리 많지 않다

2011년 1월 21일 초판 1쇄 발행
2024년 8월　1일 초판 9쇄 발행

법문 고산 스님 외 17명 · 기획 「법보신문」, 월간 「불광」
발행인 박상근(至弘) · 편집인 류지호 · 편집이사 양동민
편집 김재호, 양민호, 김소영, 최호승, 하다해, 정유리 · 디자인 쿠담디자인
제작 김명환 · 마케팅 김대현, 이선호 · 관리 윤정안
콘텐츠국 유권준, 정승채, 김희준
펴낸 곳 불광출판사 (03169) 서울시 종로구 사직로10길 17 인왕빌딩 301호
　　　 대표전화 02) 420-3200 편집부 02) 420-3300 팩시밀리 02) 420-3400
　　　 출판등록 제300-2009-130호(1979. 10. 10.)

ISBN 979-89-7479-591-7 (03220)

값 14,000원